科技型中小企业融资体系研究

——以吉林省为例

唐志武 刘欣 ◎ 著

中国社会科学出版社

图书在版编目（CIP）数据

科技型中小企业融资体系研究：以吉林省为例／唐志武，刘欣著 . —北京：
中国社会科学出版社，2018.11

ISBN 978 - 7 - 5203 - 2548 - 6

Ⅰ.①科…　Ⅱ.①唐…②刘…　Ⅲ.①高技术企业—中小企业—
企业融资—研究—吉林　Ⅳ.①F279.244.4

中国版本图书馆 CIP 数据核字（2018）第 108998 号

出 版 人	赵剑英
责任编辑	王　衡
责任校对	夏慧萍
责任印制	王　超

出　　版	中国社会科学出版社
社　　址	北京鼓楼西大街甲 158 号
邮　　编	100720
网　　址	http://www.csspw.cn
发 行 部	010 - 84083685
门 市 部	010 - 84029450
经　　销	新华书店及其他书店
印　　刷	北京明恒达印务有限公司
装　　订	廊坊市广阳区广增装订厂
版　　次	2018 年 11 月第 1 版
印　　次	2018 年 11 月第 1 次印刷
开　　本	710×1000　1/16
印　　张	14
字　　数	202 千字
定　　价	59.00 元

前　　言

　　科技型中小企业作为科技和经济紧密结合的重要力量，是大众创业、万众创新的重要载体，是技术创新决策、研发投入、科研组织、成果转化的重要主体，是转变经济增长方式、国家创新战略的重要推动力量。在吉林省提出创新强省战略和推动吉林省科技大市场建设工作的战略背景下，科技型中小企业作为吉林省科学技术创新的主要载体和经济增长的重要推动力量，在促进科技成果转化和产业化、以创新带动就业、建设创新型省份中发挥着重要作用。但是，科技型中小企业由于规模有限、大多处于初创期、技术风险和经营风险大以及轻资产等特点成为其融资的制约因素，尤其是现行融资体系不健全已经成为阻碍其发展的重要瓶颈。因此，迫切要求在遵循科技型中小企业自身特点和市场经济发展客观规律的基础上，结合吉林省自身的实际情况，借鉴国内外发达国家和地区的成功经验，基于时间维、方法维和政策维三维结构模型视角，以政策维为核心和主导，充分发挥"看得见的手"——政府的调控作用，以方法维为手段，有效地满足科技型中小企业生命周期不同阶段的融资需求，构建以政府为主导的吉林省科技型中小企业融资体系，使系统内政府、金融机构、科技型中小企业、个人等行为主体以及人力、技术、资金等各种生产要素有机结合、相互作用、优化配置，有效地实现系统的整体优化，解决市场机制自身由于信息不对称而产生的逆向选择和道德风险问题，解决市场失灵和失效问题，形成资源的集聚效应，力求实现资源配置的帕累托最优，从而有效地提高吉林省科技型中小企业融资的效率和效果。科

2 科技型中小企业融资体系研究

技型中小企业融资体系的科学构建对推动金融与科技的有效结合，提升金融服务实体经济的能力，推动吉林省创新强省战略和吉林省科技大市场的建设工作具有十分重要的理论意义和现实意义。

目　　录

第一章 科技型中小企业融资体系构建的理论基础

第一节 相关概念的内涵和特点

一 科技型中小企业的界定

为贯彻落实《国家创新驱动发展战略纲要》，推动大众创业、万众创新，加大对科技型中小企业的精准支持力度，按照《深化科技体制改革实施方案》要求，科技部、财政部、国家税务总局研究制定了《科技型中小企业评价办法》，并于 2017 年 5 月 3 日印发了《科技型中小企业评价办法》的通知（国科发政〔2017〕115 号）。

根据《科技型中小企业评价办法》的说明，科技型中小企业是指依托一定数量的科技人员从事科学技术研究开发活动，取得自主知识产权并将其转化为高新技术产品或服务，从而实现可持续发展的中小企业。科技型中小企业须同时满足以下条件：（1）在中国境内（不包括港、澳、台地区）注册的居民企业。（2）职工总数不超过 500 人、年销售收入不超过 2 亿元、资产总额不超过 2 亿元。（3）企业提供的产品和服务不属于国家规定的禁止、限制和淘汰类。（4）企业在填报上一年及当年内未发生重大安全、重大质量事故和严重环境违法、科研严重失信行为，且企业未列入经营异常名录和严重违法失信企业名单。（5）企业根据科技型中小企业评价指标进行综合评价所得分值不低于 60 分，且科技人员指标得分不得为 0 分。科技型中小企业评价指标具体包括科技人员、研发投入、科技成果三类。

符合上述第（1）—（4）项条件的企业，若同时符合下列条件中的一项，则可直接确认符合科技型中小企业条件：（1）企业拥有有效期内高新技术企业资格证书；（2）企业近五年内获得过国家级科技奖励，并在获奖单位中排在前三名；（3）企业拥有经认定的省部级以上研发机构；（4）企业近五年内主导制定过国际标准、国家标准或行业标准。

二 科技型中小企业融资体系的内涵和特点

（一）科技型中小企业融资体系的内涵

科技型中小企业融资体系是一个系统工程运行的整体架构，融资体系内政府、企业、金融机构、个人等各个主体，以及人力、技术、资金等各生产要素相互作用、相互协调，共同构成了融资系统工程的有机生命体。由多元主体和多种要素构成的科技型中小企业融资体系是否能科学、有序、高效地运行，直接关系到融资系统工程运行的效率和效果。

（二）科技型中小企业融资体系的特点

在科技型中小企业融资体系运行过程中，一方面，由于市场机制自身固有的信息不对称而产生的逆向选择和道德风险，导致市场失灵，不能自发的实现资源配置的帕累托最优效应；另一方面，由于科技型中小企业自身的轻资产、高风险性、鲜明的生命周期等特征，以及自身快速发展带来的正外部性效应，迫切需要政府在融资体系的系统工程中营造良好的系统生态环境，建立良好的政企、政金关系，优化投融资软环境，提升系统的资源集聚效应，实现各个主体、各生产要素的相互协调、相互作用、有机结合、优化配置，形成政府主导的、高效的科技型中小企业融资体系，从而有效地推动科技型中小企业的发展，提高金融服务实体经济的能力，带动整个社会科技的进步，促进地方经济的发展和综合国力的提升。

第二节　科技型中小企业融资体系
构建的理论依据

一　信息不对称理论

信息不对称理论是指在市场经济活动中，市场各方对有关信息的了解是有差异的；掌握信息比较充分的一方，往往处于比较优势的地位，而信息比较匮乏的一方，则处于比较劣势的地位。市场中卖方比买方更了解有关商品的各种信息；掌握更多信息的一方可以通过向信息匮乏的一方传递可靠信息而在市场中获益；买卖双方中拥有信息较少的一方会努力从另一方获取信息；市场信号显示在一定程度上可以弥补信息不对称的问题。这种行为在理论上被称作道德风险和逆向选择。

信息不对称这一现象在20世纪70年代受到阿克尔洛夫、斯宾塞和斯蒂格利茨三位美国经济学家的关注和研究，三位经济学家分别从商品交易、劳动力和金融市场三个不同领域研究了信息不对称课题，它不仅说明信息的重要性，更重要的是研究市场中的主体因获得信息渠道的不同、信息量的多少而承担着不同的风险和收益，它为市场经济提供了一个新的视角。阿克尔洛夫以其在哈佛大学期刊发表的论文《次品市场》，拉开了对信息不对称在商品市场应用的序幕；斯宾塞则以其博士论文《劳动市场的信号》，对劳动力市场存在用人单位与应聘者之间信息不对称的根源进行了深入的挖掘；斯蒂格利茨分析了保险市场、信贷市场的道德风险问题，并相应地提出了缺乏信息的交易方应当如何获取更多的信息。2001年度诺贝尔经济学奖授予了这三位美国经济学家，以表彰他们在70年代使用不对称信息进行市场分析领域所做出的重要贡献。

信息不对称理论指出了信息对市场经济的重要影响；揭示了市场经济体系中的固有缺陷，完全靠自由市场机制不一定会给市场经济带来最佳效果；强调了政府在市场经济运行中的重要性，呼吁政府加大对市场经济运行的监督和调节力度，尽量解决信息不对称给市场机制运行所造成的不良影响。这一理论被广泛应用于从传统商品市场到现代金融市场等各个领域。

科技型中小企业融资过程中信息不对称现象尤其明显。首先，在直接融资领域，张维迎（1997）指出，资本市场最关键的问题不是风险问题而是信息问题。在资本市场上，非对称信息包括三个方面：一是关于投资项目质量的不对称，即企业家深谙项目的潜在回报能力而投资者并不十分了解；二是关于企业管理团队本身的经营能力不对称，即投资者无法确切了解企业家的管理能力和投资能力；三是选择能力的不对称，即融资后的赢利由双方共享，而亏损则由投资者承担，所以企业家有歪曲信息的动机。在这三类非对称信息中，前两者会造成逆向选择的出现，而第三种则会导致道德风险的产生。其次，在银行间接融资领域，信息不对称主要表现为：信贷合约签订前，企业为获得银行贷款，故意隐瞒不利信息，从而产生"逆向选择"行为；信贷合约签订后，企业无视或损害银行利益，从而产生"道德风险"问题。银行信贷资金的债权性质使得银行没有足够的动力和能力来评估企业公开信息之外的内部信息。最后，政府资助是科技型中小企业融资的一个重要渠道。各个国家对科技型中小企业的政策支持和资金扶持力度都在加强，但是由于财政专项资金预算和监督的软约束机制，加剧了政府专项资助资金投放过程中的信息不对称，从而产生了在项目资金申报过程中隐蔽信息而出现的逆向选择问题，以及被资助企业在项目执行过程中而出现的道德风险问题。

基于以上分析，在科技型中小企业融资中不对称信息的普遍存在，严重束缚了科技型中小企业的融资能力。

二　企业生命周期理论

企业生命周期理论是指将企业的发展看作由若干阶段组成的过程，研究目的在于试图为处于不同生命周期阶段的企业找到能够与其特点相适应并能不断促其发展的特定模式，根据不同成长阶段的状况和对资金的需求去调整融资模式和管理策略，使企业实现最大限度的可持续发展。

1972 年，美国哈佛大学教授拉瑞·格雷纳（Larry E. Greiner）发表了《组织成长的演变和变革》一文，文中首次提出企业生命周期概念，至今已形成比较成熟的理论体系。Galbraith（1982）是第一个研究科技型企业生命周期的学者，他在观察科技型企业创立过程的基础上，将科技型企业生命周期划分为五个阶段，即原理证明阶段（proof-of-principle stage）、原型阶段（prototype stage）、模型工厂阶段（model-shop stage）、启动阶段（start-up stage）和自然成长阶段（natural growth stage）。Kazanjian（1988）在 Galbraith 的五个阶段模型基础上，按照每个阶段需要优先解决的问题作为辨识企业生命周期的依据，将科技型企业的生命周期划分为四个阶段，即定义及发展阶段（Conception and development）、商品化阶段（Commercialization）、成长阶段（Growth）和稳定阶段（Stability）。Dickinson 通过分析现金流与企业生命周期之间的关系，根据不同现金流组合的特征，将企业生命周期划分为导入期、成长期、成熟期、动荡期和衰退期五个阶段。

国内学者对中国科技型中小企业的生命周期阶段划分也进行了大量研究。徐岚（2000）将高科技企业发展的过程分为种子期、创业期、成长期和成熟期四个阶段。余国全（2001）把中小企业的生命周期分成初创阶段、学习和稳定阶段、快速发展阶段、成熟阶段四个阶段。章卫民等（2008）将科技型中小企业的生命周期划分为种子期、初创期、发展期、成熟期、蜕化期（或衰退期）五个阶段。王士伟（2011）将中小型科技创新企业的生命周期划分为创业期、成长期、成熟期和衰退期四个阶段，并对创业期做了进一步的区分，细化为创意期和孵化期。胡焱和方晶（2013）将科技型中小企业的生命周期划分为初创期、成长期、成熟期和衰退期。虽然对阶段划分的表述存在差异，但他们均认为由于处于不同生命周期阶段的科技型中小企业面临的经营风险和融资环境不尽相同，所以其融资需求的规模和特征也随之改变。

划分生命周期是分析科技型中小企业不同阶段的融资需求，解决其融资困难问题的先决条件。根据国内外学者关于科技型中小企业生命周期理论的研究，结合吉林省科技型中小企业的融资需求特征，本书按照种子期、创业期、成长期和成熟期四个阶段展开研究。

三　三维结构模型

三维模型是由美国系统工程师霍尔（A. D. Hall）于 1969 年提出的系统工程方法的结构模型。其核心思想是通过对大型系统的整体优化、组织和全过程管理，实现大型复杂系统的最优化、程序化、标准化和效率化的系统工程管理目标。又称为系统工程方法论。模型中的"三维"是指时间维、逻辑维和知识维。时间维包括系统全过程的规划、拟订方案、研制、生产、安装、运行、更新七个阶段；逻辑维是指时间维的每一个阶段内所要进行的工作内容和应该遵循的思维程序，包括明确问题、确定目标、系统综合、系统分析、优化、决策、实施七个步骤；知识维包括在社会、经济和金融、管理、工程等各个领域，为了完成系统工程工作和目标所需要具备的专业知识及技能、相关法律法规、管理科学等多方面的知识体系。

国内外学者在霍尔三维结构模型指导下，不断地进行深入研究，极大地推动了霍尔三维结构思想在社会各领域的广泛应用。国外学者在霍尔三维模型的发展中，Jap（英国）、Aden（德国）、Jamdon（美国）、Simon（美国）以及 Kenn（美国）在医学、建筑、管理等各个领域运用了霍尔三维结构系统，极大地推动了霍尔三维结构模型的应用。国内学者单文和韩福荣（2002）建立了三维空间企业生命周期模型，指出可控性、应变性和企业规模是企业生命周期中的三个要素，并探讨了模型中的企业年龄的量化问题和成长模式问题；张维和高雅琴（2005）提出商业银行风险管理体系的三维概念模型，根据商业银行风险管理的特性，提出三维体系结构模型，其中包含风险维、程序维和工具维；李金海和徐敏（2008）根据项目融资风险管理的理论和方法，基于霍尔三维结构模型，提出了针对项目风险管理的三维结构，基于融资项目的特点，对结构中的每一维度都进行了详细的分析和研究，构建了一个项目融资风险管理霍尔三维集成模型；熊熊、许金花、张今等（2009）进一步拓展了三维模型在金融风险管理上的应用，构建了中国股指期货监管体系的三维概念模型，包含风险维、程序维和工具维；陈闯（2012）将三维结构模型应用到科技中小企业融资体系的构建，通过整合信息不对称理论、企业生命周期理论，构建基于要素重组下的时间维、方法维和政策维三维动态模型，为科技型中小企业融资体系的构建和优化提供了重要理论参考。

　　本书根据霍尔三维结构模型和陈闯（2012）构建科技型中小企业融资体系的三维动态模型研究，结合吉林省科技型中小企业融资的实际情况，从时间维、方法维和政策维三个维度，对吉林省科技型中小企业融资体系进行了深入分析和研究，并在此基础上提出了相应的政策建议（见图1.1）。

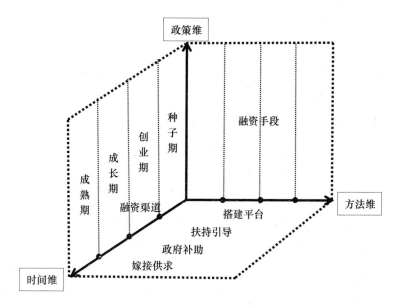

图 1.1　科技型中小企业融资体系的三维结构模型

第二章 吉林省科技型中小企业融资体系的现状

第一节 时间维主体的融资需求现状

根据国内外学者关于科技型中小企业生命周期理论的研究，结合吉林省科技型中小企业的融资需求特征，本书将科技型中小企业生命周期划分为种子期、创业期、成长期和成熟期四个阶段。

一 生命周期不同阶段企业的融资需求特征

（一）种子期

科技型中小企业的种子期处于技术酝酿和发明的萌芽状态。在这一阶段，科技型中小企业面临的主要任务是尽快实现研发产品的技术突破，其主要活动是技术研发，技术研发活动需要持续的物质投入，投资主要用于新技术、新产品的开发、测试。由于处于种子期的企业经营活动单一、组织架构简单、员工数量少，因而所需资金量并不庞大。但是由于科研项目处于初期试验阶段，技术风险大，未来的资金流具有很大的不确定性。资金来源渠道主要是自有资金、创业者自筹、私人投资等。因此，处于种子期的科技型中小企业融资风险较高，融资规模较小，融资渠道较少。

（二）创业期

创业期也即"孵化期"，是企业科技人员、创业机构对种子期初步形成的研究成果进行精心筛选，对具有较高商业开发价值的项目实施产业创业，实现科技成果向商品化转变的阶段。处于创业期的企业已经完成产品研发并尝试生产，逐步演变为具有生产经营功能和较严密组织结构的经济实体。科技型中小企业在创业期面临的主要任务是尽快将所研发的产品成果向市场转化，其主要活动是市场开拓。在成果商品化过程中，需要购买或者租赁厂房、机器设备、生产原材料，需要大量的研发费用投入。同时企业需要资金为开辟销售市场做准备，也需要资金建立正式的生产线，该阶段的科技型中小企业的融资需求规模较大、时间紧迫。资金来源依然以自筹为主，风险投资逐步进入，同时，政府机构成立的创新基金和孵化基金等也会为该阶段企业提供重要的资金支持。

（三）成长期

处于成长期的企业已形成一定的生产能力，生产规模快速扩大，市场份额迅速扩展，并转变为更具条理化的市场组织。科技型中小企业在成长期的主要任务是通过各种渠道拓展业务，并进一步提高消费者对其产品的认知度，企业的主要活动是营销推广和扩大生产。一方面，企业需要大量资金开展各种营销活动，包括线上线下营销推广；另一方面，企业需要大量资金扩大生产规模，包括生产资料采购和生产设备的增加。因此，相比创业期，成长期所需的资金量更为庞大。资金来源渠道逐步拓宽，可以获得金融机构、风险投资等各种渠道提供的资金，也有可能通过创业板和三板市场进行直接融资。

（四）成熟期

成熟期是企业在生产和销售方面平滑增长并发展到巅峰、形成良好的企业声誉、占据稳定的市场份额、盈利趋于稳定的时期。成熟期企业的生产效率急剧提高，销售业绩大为改善，现金流入量不断增加，企业资金需求逐渐减少。该阶段的科技型中小企业的主要任务是保持企业发展的强劲势头，其主要活动是管理创新。随着市场对企业产品需求逐渐饱和，产品的销售量难以再提高的时候，企业将面临改革困境，需要转产或进行"二次创业"进一步加大企业科技创新的力度，资金需求将大幅增加。生产规模的巅峰化以及管理活动的大幅度投入，都使得企业对资金的需求规模上升到整个生命周期的最高水平。步入成熟期的企业上市条件已经成熟，通过全国性和区域性资本市场进行股权融资和债权融资成为这一阶段众多企业的选择。同时，银行信贷也成为此阶段企业资金的重要来源。

二　吉林省科技型中小企业的融资需求特征

（一）融资需求总量日益增长

从历史根源上看，吉林省作为老工业基地，企业类型以国有企业为主。随着城市的发展，相关政策的推进，2006年以后一些中小企业才逐步建立起来，科技型中小企业的发展时间就更短。科技型中小企业在吉林省企业中的占比很少，约为5%（孙婧超等，2015）。底子薄、起步低、发展慢、规模小、负债能力有限是吉林省科技型中小企业的基本现状。

2014年上半年，吉林省金融办、省工信厅、省工商局、人民银行长春中心支行、吉林银监局、吉林证监局、吉林保监局共同开展了小微企业融资需求调查工作，采取问卷调查和现场座谈的方式对全辖74户中小微企业融资需求状况展开了调查。调查显示，被调查74户企业中，50户近期有贷款需求，24户近期无贷款需求。在有贷款需求企业中，34户已获得银行贷款，但其中12户认为资金依然紧张；另外16户有贷款需求，但是融资困难，没有获得银行贷款（见图2.1）。

调查结果显示，第一，有贷款需求的小微企业，户均资金需求为548万元，其中微型企业户均需求为168万元。27.3%的微型企业资金需求额度低于100万元，63.6%的微型企业资金需求额度在120万元以下。由于资金管理和预测能力相对较低，加之生产经营波动较大，企业融资需求有短期化趋势，科技型小微企业资金需求通常更急。调查显示，在有资金需求的50户企业中，选择资金使用期限"一年及以下"的企业占比为72.6%。近四成的企业资金使用期限在半年以内，一成企业的资金使用期限仅在一个月内。

第二，近期无贷款需求的企业中，由于生产缩减、经营欠佳导致资金需求下降，无须增加贷款的企业比重为8.4%；经营正常，自有资金或已有贷款能满足资金周转正常需要的企业占91.6%（见图2.1）。

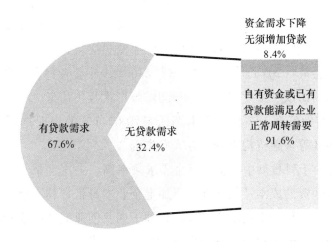

图2.1　吉林省科技型中小企业贷款需求结构
资料来源：吉林省中小微企业融资需求调查报告。

上述小微企业融资需求调查工作结束后，在充分尊重市场规律的基础上，相关部门选取了近1000户有市场、有效益、具有一定偿还能力、存在一定融资需求的成长型小微企业，形成并公开发布了《吉林省成长型小微企业融资需求名册》，向吉林省内银行业、证券业、保险业金融机构及担保公司、小额贷款公司推荐成长型小微企业，减少小微企业融资的信息不对称融资瓶颈问题，降低金融机构甄别和筛选小微企业客户的综合成本，提高小微企业融资资金的可获得性，为需要资金支持的小微企业提供及时高效的融资服务。各金融机构积极开展营销和对接，为入册企业提供了几十亿元资金，融资服务工作取得了实实在在的成绩。2015年吉林省金融办联合省工商局、工信厅等部门再次针对小微企业和涉农企业开展融资需求调查，共调查了10000户家庭农场、农民专业合作社以及5000户小微企业，删选出有市场、有效益、具有一定偿还能力、存在一定融资需求的企业，最终形成并公开发布了《吉林省 2000 户小微和涉农企业融资需求名册》，向辖内金融机构推荐小微和涉农企业，强化小微及涉农企业融资服务，融资需求总额达 62.24 亿元。

（二）融资需求模式日趋多样

对吉林省很多企业经营者而言，由于缺乏相关金融方面的知识，当自身资金短缺，急需外部融资时，唯一的想法就是寻求银行信贷支持。王洪会等（2016）选取了吉林省 236 家中小企业样本，采用实地调研、电话访谈、纸质问卷、电子问卷等形式收集信息，共回收问卷 205 份，有效问卷 167 份，样本调研显示 62.1% 的企业选择了向银行、信用社等金融机构借贷的方式筹集资金。

但是由于科技型中小企业资金需求频率高、一次性量小，加大了商业银行融资的成本及复杂性。再加上企业本身抵押物不足，管理者缺乏经验，且部分手续不全，大多数种子期及创业期企业的贷款申请被银行拒绝，能够得到银行信贷资金支持的大多是处于成长期和成熟期的企业。金融知识的匮乏，以及认识上的缺失导致了很多企业在融资过程中根本找不到出路，一旦被银行拒绝，基本上等于宣告融资失败，严重阻碍了企业自身的成长。

随着政府公众信息平台的搭建，信息资源的公开透明化，以及各种政策及金融机构的扶持，吉林省科技型中小企业家的思想已经从过去相对封闭向开放转变，除了银行贷款之外，企业经营管理者积极参与培训，与风险投资、政府基金接洽，通过互联网平台等寻求民间借贷资金的支持。成长期与成熟期的企业努力探索在吉交所和新三板市场挂牌，企业融资模式从过去"找银行"的单一模式逐渐向"找资本市场"等多元模式转变。

第二节　方法维主体的资金供给现状

经过不断的积累和建设，吉林省金融机构对科技型中小企业的科技金融扶持实现了从单一服务模式向组合式服务体系转变。

一　间接融资体系状况

（一）与金融机构进行战略合作

为了提高服务科技型中小企业的能力，很多大型商业银行以及股份制商业银行在内部设立专门开展科技金融的部门，负责科技型中小企业的产品研发、信贷业务审批和贷后监管工作。这种银行内设部门有如下几种形式：一是"科技金融部"，单独处理行内的科技金融业务；二是"小企业金融部"，把科技型中小企业纳入管理范畴；三是"小企业服务中心"。这些部门着力于开发与科技型中小企业契合的产品，并提供信贷支持。

吉林省以开发区、科技园区、科技大市场、科技服务中心的建设为契机，广泛与大型商业银行、股份制商业银行签订战略合作关系，积极为科技型中小企业融资争取资金支持。截至 2016 年年底，全省小微企业贷款余额 3988.4 亿元，同比增长 11.6%；小微企业贷款户数 17.55 万户，比上年同期增加 0.76 万户；小微企业申贷获得率 95.57%，较上年同期提高 1.23 个百分点。截至 2017 年 11 月，长春科技金融创新服务中心现已入驻投融资及中介机构 25 家，与近百家机构建立了合作关系，构建了四重融资链。与大型商业银行、股份制商业银行签约战略合作关系，积极向科技型中小企业提供贷款支持，并向企业以贴息方式进行最高限额不超过 30 万元的补助，累计对 57 户企业的 80 笔贷款给予贴息补助。累计为 800 多户科技企业提供科技金融服务，向合作银行推荐科技企业直贷 309 笔 23 亿元，累计投融资额超过 35 亿元。

（二）成立专业化科技银行

大型商业银行、股份制商业银行受限于成本，以及资本充足率、不良贷款率等考核指标，虽然在地方政府的引导下与开发区、科技园区、科技大市场、科技服务中心广泛签署战略合作协议，但其主要贷款投向为成长期甚至成熟期的企业，而对于融资缺口比较大的种子期及创业期的企业支持作用发挥有限。Latimer Asch 认为由于科技型中小企业规模小、固定资产不足、缺乏担保等，导致银行等金融机构的贷款风险加大，成本提高；同时，科技型中小企业高成长性背后的高风险和不确定性，也使得金融机构在有更多选择余地的情况下不愿为其提供贷款。Stahan 和 Weston（1996）认为银行规模与中小企业贷款之间存在较强的负相关性，大规模银行一般不愿意为中小企业贷款。Meyer（1998）认为中小企业的贷款难易程度与地区金融业务的繁荣程度有关，金融发达的金融中心地区的中小企业获得融资的成本往往较其他周边地区为高。Baner Jee（1994）认为中小企业天生就不适合从大型金融机构融资。因为大型金融机构在贷款中处于信息劣势地位，后期贷款管理成本较高，而中小金融机构天生具有的针对中小企业的信息优势，在对中小企业提供融资服务的时候具有信息优势，对此他提出长期互动假说和共同监督假说来支撑该观点。长期互动假说主要从区域角度出发认为中小金融机构的业务区域范围多为地方性，其对区域内的中小企业经营管理以及财务状况的了解更为深入细致，与大型金融机构相比其与中小企业开展业务具有信息优势，有助于解决信息不对称问题；共同监督假说的主要观点则认为中小金融机构对业务合作的中小企业运营财务信息无法完全掌握，然而为了区域内中小企业共同的利益，中小企业之间会形成一种互相监督关系，并且一般来讲这种监督的效率要比金融机构的后期管理效率高。林毅夫（2001）进一步延伸了 Baner Jee 的"长期互动假说"和"共同监督假说"，从博弈论的视角提出大型金融机构天生就不适于为中小企业提供融资渠道，而这种情况对科技型中小企业尤甚。同时他认为不同规模的金融机构为不同类型的企业提供金融服务的成本和效率是有差异的，只有对市场进行全面开放，引入民营资本大力发展中小金融机构，才是解决科技型中小企业融资难问题的有效方法。

　　理论分析及实践经验均表明，支持科技型中小企业贷款融资的一种有效方式是成立专门的金融机构。中国现代科技银行的设立始

于 2003 年科技部制定的科技开发银行方案。2007 年全国工商联向
央行和银监会提交的《关于在高新技术开发区内设立科技银行的建
议》首次系统地对科技银行的相关制度、组织架构和盈利模式、风
控方案等做了详细论述。2008 年以来，银监会出台了《中国银监会
关于银行建立小企业金融服务专营机构的指导意见》（银监发
〔2008〕82 号）（以下简称《意见》）等一系列文件，鼓励银行在
控制风险的基础上，积极与地方科技部门合作，在科技资源聚集的
地区设立一批主要为科技型中小企业提供信贷等金融服务的科技支
行。《意见》发布后，全国各地陆续成立了专门支持科技型中小企
业的专营机构——科技支行。最早的科技支行是 2009 年 1 月在四川
省成都市高新区成立的 2 家科技支行，成都银行科技支行和建设银
行科技支行。截至 2014 年年底，北京、上海、天津、江苏、浙江、
广东、湖北、湖南、云南等地已经成立约 100 家科技支行，其中以
江苏省和北京市的科技支行数量居多。这些科技支行的独特性在
于：其服务对象是科技型中小企业；具有专门的监督和管理政策；
绩效评价不以财务指标为主，而是侧重考核服务科技型中小企业的
数量；具有单独的扶持政策。

2014 年 7 月，长春科技金融创新服务中心联合长春农商银行成立
全省第一家专业化科技支行。截至 2016 年 7 月，长春农商银行科技
支行累计为 32 户科技企业发放贷款 3.13 亿元。

（三）推出多种形式信贷产品

1. 科技金融服务中心与辖内各金融机构联合推广特色信贷产品

针对科技型中小企业，科技金融服务中心与建设银行、民生银
行、光大银行、兴业银行等合作先后推出善融贷、政府采购贷、微小
企业信用贷、小微互助合作基金等信贷产品。科技金融服务中心与东
北证券和光大银行合作，以股权质押和联名卡的方式，为辖区内首家
新三板企业差旅天下信贷融资 6000 万元；与长春农村商业银行高新
科技支行合作推出"微小企业信用贷"，以纯信用贷款方式为领域集
团提供 500 万元贷款。

2. 科技金融服务中心创新开发了助保贷和双创微贷业务

（1）助保贷

助保贷，即中小企业助保金池贷款业务，是指合作银行向重点中小企业池中企业发放贷款，在企业提供一定担保的基础上，由企业缴纳贷款比例的3%助保金和政府（吉林省工信厅与长春市工信局联合匹配）提供的风险补偿铺底资金共同作为增信手段的信贷业务。助保金由《长春市重点中小企业池名录》中获得贷款的企业按其在合作银行业机构获得贷款额度的规定比例自愿缴纳，用于先行代偿该企业所在市助保金池中所有获得贷款企业逾期的助保金池贷款。助保金的管理遵循"自愿缴纳、有偿使用、共担风险、共同受益"的原则，企业入池前与市助保金池管理机构签署入池承诺书，承诺其以缴纳的助保金为限，对其助保金缴纳期间池内所有企业贷款承担有限连带责任。风险补偿铺底资金是指省、市政府向助保金池中注入的一定数量的增信资金，在助保金池贷款发生损失时，与合作银行业机构按规定比例分担补偿。省、市政府所注入的增信资金按其在助保金池管理机构风险补偿铺底资金账户余额中所占比重承担有限责任，单笔贷款按比例承担风险补偿责任。助保贷企业贷款统一按中国人民银行公布的贷款基准利率上浮25%执行，相对较低，主要通过增信资金的设立帮助中小企业解决抵押物不足的问题。这项高新区政府为推动中小企业在新三板上市而开发的"助保贷"业务，实物质押率可达到120%，资金使用率达到77%。截至2017年11月底，全省共设立"助保金池"17个，铺底资金2.8亿元，开展业务167笔，贷款额度11亿元。

（2）双创微贷

由长春市金融服务办公室、长春市科学技术局、长春科技金融创新服务中心共同推出，简化融资申请流程、低息、快速放款，为优秀创新创业人才及团队的初建科技型小微企业提供一站式融资服务，贷款金额为10万—300万元，用于企业流动资金周转或项目投资。

二　直接融资体系状况

（一）多层次资本市场融资

1. 主板和中小企业板市场

（1）主板市场

由于主板上市门槛高，对企业要求较苛刻，审批手续复杂，融资耗时长，费用也较高，在政策上存在一定障碍，科技型中小企业中，真正能够达到在主板市场上发行股票最低要求的并不多。这种融资方式并不适合资金短缺的中小企业。

（2）中小企业板市场

中小板市场主要服务对象是成长性较高的民营中小企业。中小企业板最初设立的初衷是作为创业板推出之前的经验积累和过渡平台。中小板和创业板最早提出是 1999 年年初由深交所向证监会提交的《深圳证券交易所关于进行成长板市场的方案研究的立项报告》及实施方案，其间国务院、全国人大常委会相关决议文件对创业板的设立做了一些规定，至 2000 年深交所创业板交易系统通过了全网技术测试，并准备正式上线。然而正当所有准备工作就绪之时，NASDAQ 指数受累于网络和生物科技股票泡沫的破裂而大跌，系统风险激增①，以 NASDAQ 为龙头的整个全球创业板市场几近崩溃。中国创业板之路也因此暂时封闭。随着经济发展以及中小企业对融资渠道的渴求，国务院在 3 年之后于 2004 年出台了《国务院关于推进资本市场改革开放和稳定发展的若干意见》，提出分步建设、防控风险、完善风投机制的原则。在此之后，证监会于同年 5 月正式批复同意深交所设立中小企业板块，并于当年 6 月 25 日正式开盘交易。在中小板设立之初，基于"控风险、分步走、边行边试"的原则，并未将其作为一个独立交易市场，而是将其作为主板市场的一部分，具有相当多的主

---

① NASDAQ 指数由 2000 年 5 月的 5132 点经过短短 9 个月的时间就大幅下跌到 2000 点以下，市值蒸发超过 5 万亿美元。

板特征。因此对中小板实行的是"运行独立、监察独立、代码独立和指数独立"的四独原则。相较于主板上市门槛虽然较低，但其在交易监管、信息披露等方面的要求更为严格，上市评估费用等筹资成本也并不低于银行贷款成本。因此，中小企业板也不是科技型中小企业融资的理想之地。截至 2017 年 11 月，在中小企业板上市的公司共 892 家，流通市值约 7.1 万亿元。吉林省仅有紫鑫药业、奥普光电、融钰集团、启明信息、益盛药业和利源精制六家企业在中小企业板上市。

2. 创业板市场

证监会于 2008 年 3 月正式出台《首次公开发行股票并在创业板上市管理办法》，向社会公开征求创业板发行和交易、管理规则的意见。2009 年 10 月 30 日，经过近十年的制度酝酿与规则完善，我国真正意义上的创业板正式上线交易。创业板主要是为高成长性的科技型中小企业融资服务，尤其是具备"五新三高"（新经济技企业，新技术、新材料、新能源、新服务，高技术、高成长、高增值）特点的企业，成为高科技领域、运作良好、成长性强的新兴公司和中小企业较理想的融资场所，上市准入门槛较主板和中小企业板要低很多。2014 年年初，证监会全面推进创业板市场改革，适当降低了创业板首发财务指标，取消持续增长要求，申报企业也不再限于原来的九大行业。创业板的开通为中小企业尤其是科技型中小企业的融资提供了通畅的渠道和完善的平台。2009 年 10 月 30 日，包括 28 只股票在内的创业板上市公司总市值仅约 1399.67 亿元，截至 2017 年 10 月 30 日收盘，在创业板阵营上市的成员已经扩充至 690 家，较 2009 年同比增长超过 23 倍。这些企业所对应的上市公司总市值高达约 5.41 万亿元，较八年前创业板的总市值同比增长了约 37.65 倍。截至 2017 年 10 月 27 日，创业板累计 IPO 融资规模达 3481 亿元，股权再融资规模达 2576 亿元，有力支持了创业创新企业成长，有效发挥了资本市场资源配置功能作用。再融资方面，有 156 家创业板公司实施完成非公开发行股票，募集资金达 1503 亿元；218 家公司实施了重组配套融资，募集资金 1050 亿元。股权融资显著降低了企业杠杆率，创业板上市公司上市前一年平均资产负债率为 37.3%，上市后第一年迅速降为 18.9%。

截至 2017 年 10 月，吉林省有吉药控股、迪瑞医疗、金冠电气和吉大通信四家公司在创业板上市。

3. 新三板市场

（1）全国新三板挂牌企业状况

2006 年 1 月，为了加速科技企业的股份流转，为科技企业尤其是成长性好的科技型中小企业拓展融资渠道，在北京中关村启动了"新三板"试点工作。2012 年 8 月，试点范围扩大，将上海张江、武汉东湖和天津滨海三大高新区企业也纳入其中。2013 年 12 月 13 日，国务院发布了《关于全国中小企业股份转让系统有关问题的决定》，全国中小企业股份转让系统即"新三板"正式扩容至全国，成为与深交所、上交所并立的第三家全国性证券交易所。

全国股转系统扩大试点至全国以后，新三板挂牌公司数量快速上升，市场规模迅速扩大。2016 年《全国中小企业股份转让系统挂牌公司分层管理办法（试行）》发布，自 6 月 27 日起，全国股转公司对挂牌公司实施分层管理，将挂牌公司划分为创新层和基础层。全国股转公司分别从营利性、成长性和市场认可度等三个方面设置了三套差异化的创新层标准，筛选出不同类型公司进入创新层。营利性要求标准主要满足盈利能力较强、相对成熟挂牌公司的分层需求；成长性要求标准主要满足处于初创期、高速成长的中小企业的分层需求；市场认可度标准主要满足商业模式新颖、创新创业型企业的分层需求。2013 年新三板扩容后，始终聚焦服务创新型创业型成长型中小微企业，确立了高度包容的市场准入制度，构建了充分市场化的融资并购机制，在服务实体经济支持中小企业发展领域发挥了重要作用。截至 2017 年 11 月底，新三板挂牌公司达 11645 家，其中，5426 家公司完成 8279 次股票发行，融资总额 3888.22 亿元。新三板呈现"海量市场"特征，需要对挂牌公司进一步分类服务和管理，以实现监管资源的优化配置，降低投资者信息收集成本。2017 年 12 月 22 日全国股转公司发布了新制定的《全国中小企业股份转让系统挂牌公司分层管理办法》和《全国中小企业股份转让系统股票转让细则》，新三板市场改革迈出关键的步伐。

（2）吉林省新三板挂牌企业状况

2010 年长春高新区成立金融上市办公室，专职负责整合各方资源，合理配置金融要素，落实金融扶持政策。从 2014 年开始，省金融办设专项基金，对每家成功挂牌新三板的企业奖励 50 万元。长春市工信局融资处设专项经费，对每家成功挂牌企业奖励 25 万元。在政策的支持下，2014 年吉林省差旅天下网络技术股份有限公司作为省内第一家企业成功登陆新三板。2017 年开始长春市政府加大了对拟在"新三板"挂牌上市企业的扶持力度，给予一次性 30 万元补助。截至 2017 年 11 月底，吉林省挂牌新三板的企业 88 家，占全国挂牌公司总数 11645 家的 0.76％。其中，挂牌创新层的企业 9 家，占全国挂牌创新层公司总数 1362 家的 0.66％。分地区新三板挂牌公司数量及分层对比情况如图 2.2 所示。

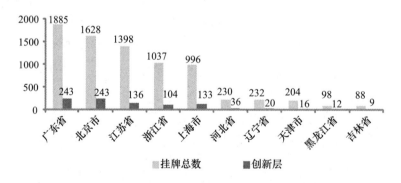

图 2.2   分地区新三板挂牌公司数量及分层对比情况

资料来源：根据全国中小企业股份转让系统公开数据整理。

吉林省 88 家挂牌企业中有 9 家在创新层挂牌，具体情况如表 2.1 所示。

表 2.1　　　　　　　　　吉林省创新层挂牌企业一览

序号	公司代码	公司简称	挂牌日期	转让类型	所属行业
1	430578.OC	差旅天下	2014 年 1 月 24 日	做市	商务服务业
2	831306.OC	丽明股份	2014 年 11 月 13 日	做市	软件和信息技术服务业
3	831484.OC	久盛生态	2014 年 12 月 16 日	协议	非金属矿物制品业
4	832316.OC	添正医药	2015 年 4 月 15 日	做市	批发业
5	833272.OC	金塔股份	2015 年 8 月 18 日	做市	农副食品加工业
6	835000.OC	锐讯股份	2015 年 12 月 15 日	协议	软件和信息技术服务业
7	838570.OC	豫王健能	2016 年 8 月 5 日	协议	非金属矿物制品业
8	839740.OC	宏日股份	2016 年 11 月 21 日	协议	电力、热力生产和供应业
9	870239.OC	巨龙股份	2016 年 12 月 23 日	协议	软件和信息技术服务业

资料来源：全国中小企业股份转让系统。

公开信息显示，吉林省成功挂牌的企业中有大部分来自长春高新区。具体统计情况如表 2.2 所示。

表 2.2　　　　　　　　　长春高新区挂牌企业一览

序号	证券代码	证券简称	挂牌日期	证监会行业
1	430578.OC	差旅天下	2014 年 1 月 24 日	租赁和商务服务业
2	831306.OC	丽明股份	2014 年 11 月 13 日	信息传输、软件和信息技术服务业
3	833937.OC	嘉诚信息	2015 年 10 月 28 日	信息传输、软件和信息技术服务业
4	833793.OC	孔辉汽车	2015 年 10 月 20 日	科学研究和技术服务业
5	834602.OC	宜家股份	2015 年 12 月 9 日	居民服务、修理和其他服务业
6	836570.OC	广通网络	2016 年 4 月 27 日	信息传输、软件和信息技术服务业
7	835000.OC	锐迅股份	2015 年 12 月 15 日	信息传输、软件和信息技术服务业
8	833281.OC	派诺生物	2015 年 8 月 13 日	制造业
9	831679.OC	易点科技	2015 年 1 月 12 日	制造业
10	830790.OC	希迈气象	2014 年 6 月 10 日	制造业
11	832418.OC	旭海科技	2015 年 5 月 7 日	信息传输、软件和信息技术服务业
12	833026.OC	中邦园林	2015 年 7 月 28 日	建筑业

序号	证券代码	证券简称	挂牌日期	证监会行业
13	832596. OC	迈达医疗	2015 年 6 月 8 日	制造业

资料来源：wind 资讯。

4. 区域性股权交易市场

2012 年 5 月，中国证监会下发了《关于规范区域性股权交易市场的指导意见（征求意见稿）》，从政策层面首次确认中国资本市场包括四个层次：沪深主板为一板，深市创业板为二板，新三板为三板，区域性股权交易市场为四板。区域性股权交易市场是为省级行政区划内的中小微企业提供股权、债券的转让和融资服务的私募市场，是我国多层次资本市场的重要组成部分。对于促进企业特别是中小微企业股权交易和融资，鼓励科技创新和激活民间资本，加强对实体经济薄弱环节的支持，具有积极作用。

（1）全国各区域性股权交易市场挂牌企业状况

2008 年 9 月，天津股权交易所开始运营，成为国内首家正式运营的区域性股权交易所。由于挂牌门槛低、程序简单，区域性股权交易市场扩张十分迅猛，截至 2017 年 11 月我国建成交易的区域性股权交易市场共有 40 家。其中影响力较大的有前海股权交易中心、上海股权托管交易中心、广州股权交易中心、浙江股权交易中心以及江西联合股权交易中心等。目前在前海交易中心挂牌的企业已经高达 12803 家，占据全国区域性股权交易市场挂牌企业的 18.7%。如图 2.3 所示。

随着经济发展和交易所影响力的扩大，各区域性股权交易所逐步突破地域的限制，将其触角向全国延展。以前海为例，其交易中心和运营总部位于深圳，而其挂牌企业除了覆盖整个广东之外已经延展至整个东南沿海，甚至呈现向中西部扩张之势。企业在挂牌过程中跨市场挂牌的趋势越来越明显，各区域挂牌企业分布家数如图 2.4 所示。

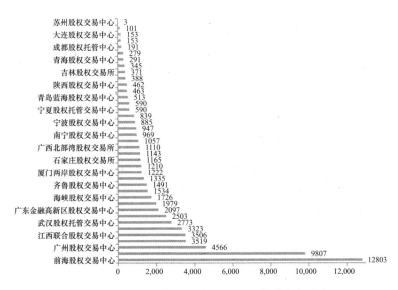

图2.3 全国各股权交易中心（所）挂牌家数分布

资料来源：Wind 资讯。

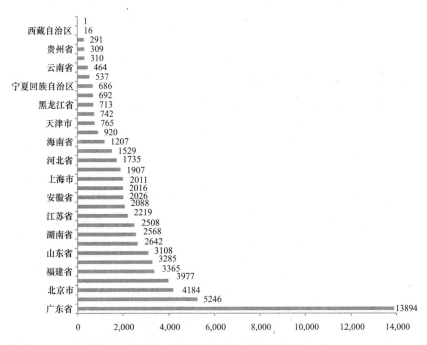

图2.4 各地域挂牌企业家数分布

资料来源：Wind 资讯。

（2）吉交所挂牌企业状况

2011 年 5 月，吉林省政府批准设立东北地区首家区域性股权交易市场——吉林股权交易所（以下简称"吉交所"），注册资本 1000 万元，经营范围主要是非上市公司股权交易及股权交割结算；代理招商引资，项目推介，项目对接；理财产品交易、信托产品交易、私募基金份额交易、企业债券交易等。吉林股权交易所于 2013 年 2 月 25 日通过国务院部际联席会议的备案，成为东北地区首个获得备案的股权交易机构。吉交所自 2013 年 6 月 28 日开市以来致力于为更多企业提供全方位金融服务，在发挥市场功能方面不断努力，在开展挂牌转让业务基础上，深入开展直投咨询、私募股权融资、定向增发等业务。

为满足不同企业的挂牌需求，吉交所打造了"一市三板"，即展示板、初创板、精选板。

第一，展示板是由吉林股权交易所与吉林省股权登记托管中心共同推出的企业信息展示平台。适合业务明确，具有持续经营能力，拥有突出的创新优势或核心竞争力的企业。经企业自愿申请，将其基本信息及核心竞争优势等通过吉交所和托管中心网站及展示大屏进行披露，并自主进行规范培育。展示板的设立，旨在聚集各类优秀企业，为企业提供形象展示、品牌宣传、信息发布、财务顾问等服务，促进企业与各类机构进行有效对接，满足企业多项需求，促进企业健康发展。

第二，初创板是吉交所为了满足企业创业和创新需求而设立的板块，适用于生产经营活动符合法律、行政法规和公司章程规定的有限责任公司和实缴注册资本低于 500 万元的股份有限公司。服务对象为具有自主创新能力的初创期企业，小微型新兴企业和高成长性科技企业。具有挂牌门槛低、挂牌程序简捷、挂牌费用低的特点。企业经推荐机构推荐，出具挂牌交易推荐书，但对是否进行尽职调查不做限制性规定，且只需提交财务报表，不须审计。初创板紧跟国家"大众创业、万众创新"的政策导向，成为吉交所的一大亮点。

　　第三，精选板是由吉交所推出的非上市股份公司股权挂牌交易平台。主要针对实缴注册资本 500 万元以上的主营业务完整、经营业绩良好的股份有限公司。精选板挂牌企业由推荐机构推荐，在挂牌过程中，推荐机构主导中介服务机构对拟挂牌企业开展尽职调查，并出具相关文件。经专家评审、公示后正式登陆吉交所市场。精选板具有门槛低、效率高、成本少、功能全的特点。精选板的设立，在解决企业融资、优化资源配置、建立现代企业制度方面发挥了积极作用。同时肩负起为吉林省非上市股份公司提供股权定价、转让，形象宣传服务；为更高层次的资本市场孵化、筛选，输送上市后备企业的重大责任。

　　目前，吉交所展示板、初创板、精选板挂牌条件如表 2.3 所示。

表 2.3　　　　　　　　　　吉交所挂牌条件

序号	展示板	初创板	精选板
1	在吉林省股权登记托管中心托管	在吉林省股权登记托管中心托管	股权明晰，且已在吉林省股权登记托管中心托管
2	依法设立且合规经营	依法设立的股份有限公司，实缴注册资本低于 500 万元，或者依法设立的有限责任公司	依法设立且存续满一年的股份有限公司，实缴注册资本不低于 500 万元；有限责任公司按原账面净资产值折股整体变更为股份有限公司的，持续经营时间可以从有限责任公司成立之日起计算
3	业务明确，具有持续经营能力	其生产经营活动符合法律、行政法规和公司章程的规定	业务明确，具有持续经营能力；其生产经营活动符合法律、行政法规和公司章程的规定
4		为有自主创新能力的初创期企业、小微型新兴企业或高成长性科技企业	治理结构健全，内部管理控制制度完善
5		最近一个会计年度内无违反法律、法规行为，无不良信用记录；不存在任何可能严重影响公司资产和业务的法律诉讼案件，或有负债等事件	最近一个会计年度内无违反法律、法规行为，无不良信用记录

续表

序号	展示板	初创板	精选板
6		不存在任何可能严重影响公司资产和业务的法律诉讼案件，或有负债等事件	不存在任何可能严重影响公司资产和业务的法律诉讼案件，或有负债等事件
7		至少有一个具有资格的推荐机构为其提供挂牌推荐服务	至少有一个具有资格的推荐机构为其提供挂牌推荐服务
8		股份有限公司股东人数不超过200人；有限责任公司股东人数不超过50人	公司股东人数不超过200人

资料来源：根据吉交所公开信息整理。

根据吉交所"一市三板"分层和挂牌条件，2013年6月28日开市当天首批挂牌4家企业：长春阔尔科技股份有限公司、长春国地探测仪器工程技术股份有限公司、吉林博泰农业科技开发股份有限公司、长春新钰经贸集团股份有限公司，总股本6200万股，实现了股权有序流转，同时通过股权托管和定期、及时进行信息披露等措施实现股权规范治理和公司规范运行。2014年1月20日第二批挂牌3家企业：吉林润森农业开发股份公司、四平年年国际文化传媒股份有限公司、四平嘉德商场管理股份有限公司挂牌上市。同时吉交所协助2家挂牌企业定向增发600万股，融资800万元；与省内11家银行达成400亿元的授信额度，为挂牌企业及投资人提供信贷支持。2015年2月2日第三批挂牌4家企业，其中精选板企业3家：吉林省大明肉业股份有限公司、四平市通成铝塑型材股份有限公司、吉林省明基广告传媒集团股份有限公司；初创板企业1家：吉林省五星商务服务股份有限公司，该企业是吉交所2015年新推出的"吉林初创板"的首只挂牌企业。2015年12月29日，长春陆捷机械股份有限公司在吉交所精选板挂牌上市。2017年4月13日，吉林省华通农业机械装备制造股份有限公司在吉交所精选板挂牌上市。

截至 2017 年 10 月底，吉交所挂牌企业共计 408 家，其中精选板 8 家，总股本 5907 万股；展示板 376 家，总股本 69.45 亿元；初创板 16 家，总股本 6195 万元；摘牌 8 家。推荐机构会员 32 家，专业服务机构会员 11 家，注册合格投资机构 10 家，注册合格自然人 786 人。吉交所初创板挂牌企业情况如表 2.4 所示。

表 2.4　　　　　　　　吉交所初创板挂牌企业一览表

序号	企业名称	挂牌时间	交易方式
1	吉林省五星商务服务股份有限公司	2015 年 2 月 2 日	协议
2	吉林省瑞万生物科技股份有限公司	2016 年 10 月 24 日	协议
3	吉林省丽华德家居装饰有限公司	2016 年 12 月 1 日	协议
4	吉林驰煜网络科技有限责任公司	2016 年 12 月 1 日	协议
5	吉林无罔生物识别科技有限公司	2017 年 1 月 3 日	协议
6	长春长光恒德光电科技有限公司	2017 年 1 月 3 日	协议
7	吉林省天翔科技孵化期有限公司	2017 年 1 月 3 日	协议
8	长春艾尔德科技有限公司	2017 年 1 月 3 日	协议
9	长春煌道吉科技发展有限公司	2017 年 1 月 3 日	协议
10	吉林省艾富通科技有限公司	2017 年 1 月 3 日	协议
11	长春市布拉泽医疗科技有限公司	2017 年 1 月 3 日	协议
12	吉林省朴之素养生科技有限公司	2017 年 1 月 3 日	协议
13	吉林省华准机械制造有限公司	2017 年 1 月 3 日	协议
14	长春艾爱未来文化发展有限公司	2017 年 1 月 3 日	协议
15	长春市弘烨车辆装备有限公司	2017 年 1 月 3 日	协议
16	合成兴业智能工程有限公司	2017 年 8 月 23 日	协议

资料来源：根据吉交所公开信息整理。

精选板挂牌企业中，吉林博泰农业科技开发股份有限公司于 2015 年 4 月 28 日起终止挂牌；四平年年国际文化传媒股份有限公司于 2016 年 4 月 11 日起终止挂牌；四平市通成铝塑型材股份有限公司于 2016 年 8 月 23 日起终止挂牌；长春新钰经贸集团股份有限公司于 2016 年 10 月 31 日起终止挂牌。吉交所精选板挂牌企业情况如表 2.5

所示。

表 2.5   吉交所精选板挂牌企业一览表

序号	企业名称	挂牌时间	摘牌时间
1	长春阔尔科技股份有限公司	2013 年 6 月 28 日	
2	长春国地探测仪器工程技术股份有限公司	2013 年 6 月 28 日	
3	吉林博泰农业科技开发股份有限公司	2013 年 6 月 28 日	2015 年 4 月 28 日
4	长春新钰经贸集团股份有限公司	2013 年 6 月 28 日	2016 年 10 月 31 日
5	吉林润森农业开发股份公司	2014 年 1 月 20 日	
6	四平年年国际文化传媒股份有限公司	2014 年 1 月 20 日	2016 年 4 月 11 日
7	四平嘉德商场管理股份有限公司	2014 年 1 月 20 日	
8	吉林省大明肉业股份有限公司	2015 年 2 月 2 日	
9	四平市通成铝塑型材股份有限公司	2015 年 2 月 2 日	2016 年 8 月 23 日
10	吉林省明基广告传媒集团股份有限公司	2015 年 2 月 2 日	
11	长春陆捷机械股份有限公司	2015 年 12 月 29 日	
12	吉林省华通农业机械装备制造股份有限公司	2017 年 4 月 13 日	

资料来源：根据吉交所公开信息整理。

吉交所实行做市商双向报价、集合竞价与协商定价相结合的混合型交易制度，为挂牌公司股权（基金份额）提供合理市场定价和流动性，为合格投资者提供多种交易产品和多样交易方式选择，使市场凸显投资价值，贴近和满足不同层次的投融资需求。

（3）吉交所特色产品

①吉交所私募债券

吉交所私募债券是指在中国境内依法注册的有限责任公司或股份有限公司在中国境内以非公开方式发行和转让，约定在一定期限还本付息的债券。吉交所私募债券采用定向发行或私募发行等非公开方式向具备相应风险识别和承担能力的合格投资人发行私募债券，吉交所对私募债券采取备案制，并办理登记结算，为私募债券的备案、信息披露和转让提供服务，发行债券的企业与吉交所签订《私募债券转让服务协议》后私募债券可在吉交所挂牌流通。其特点：一是审批便捷。发行采用备案制，审批速度快，最快于提交备案材料二十个工作日内可完成备案。二是发行条件宽松。对净资产、盈利能力、资产负债率、资信评级不做硬性要求，发行条件极为宽松。三是融资规模不受限。吉交所私募债券以非公开方式发行，发行规模不受净资产的限制，发行人可根据自身业务发展需求设定合理的融资规模。四是资金使用期限相对较长。发行期限在一年以上，相对于大多数中小微企业获得的银行流动性贷款，期限相对较长。五是资金用途灵活。吉交所私募债券不会对募集资金进行明确约定，发行人可根据自身业务需要设定合理的募集资金用途。六是成本相对较低。吉交所私募债券属于直接融资，发行利率相比银行借款和信托产品较低，发行人还可通过发行较长期限的私募债券摊薄成本。七是宣传效果好。吉交所私募债券虽为非公开发行，但能够参与的合格投资人资质较优良，在对其推介的过程中，可有效提升企业形象，其成功发行可显示发行人的整体实力，提升市场认可度。

虽然吉交所私募债券运行良好，但是随着国家监管政策的变化，根据《关于规范发展区域性股权市场的通知》（国办发〔2017〕11号）的要求，吉交所也相应停止了接受私募债券的备案、登记和转让业务。

②小额贷款公司私募债券

小额贷款公司私募债券（以下简称"小贷债"）是针对吉林省内依法设立的小额贷款公司，在中国境内以非公开方式发行和交易，约定在一定期限内还本付息的债券。小贷债由吉交所具备私募债券承销业务资格的推荐机构发行承销，向具备相应风险识别和承担能力的合格投资者，以定向发行或募集发行等非公开方式发行，不得采用广告、公开劝诱和变相公开方式。每期小贷债的投资者数量合计不得超过200人。发行后可在吉交所挂牌转让。其特点：一是备案方便。小贷债发行前，承销机构将发行材料报送吉交所备案，吉交所对材料进行完备性核对，通过后即可发行。二是条件宽松。对发行私募债券的小额贷款公司从银行业金融机构获得融入资金放宽了限制，突破了50%的限制，要求发行人债权融资、银行业金融机构融资与回购方式的资产转让融资总余额不超过其资本净额的100%。三是成本控制。发行利率不超过人民银行公布的银行同期贷款基准利率的3倍，控制融资成本。四是期限灵活。发行期限为不超过3年的任意期限。五是资金用途灵活。对募集资金用途不做限制性规定。六是流动性强。小贷债可在吉交所挂牌交易，增强债券流动性。七是发行方式灵活。一个小额贷款公司可单独发债，也可由两个或两个以上发行人集合发行。吉交所小贷债的业务流程如图2.5所示。

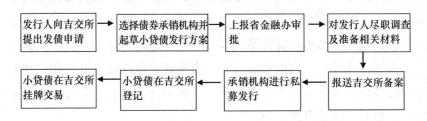

图2.5　吉交所小贷债业务流程

资料来源：吉交所。

③股通宝

　　股通宝是由吉交所与浦发银行及吉林省投资集团、长春新兴产业投资公司共同打造的融资服务产品。企业以股东持有的一定比例股权作为债权担保，委托吉交所通过本产品向合作银行申请贷款。除企业股东持有的该公司股权外，该产品对企业提供其他抵押物不做强制性要求。企业在获得合作银行授信的同时，须与基金公司签署股权远期转让协议，约定如企业到期不能偿还贷款，触发违约条款时，由基金公司受让其股权，并向合作银行代偿贷款。其特点：一是创新担保方式。产品为纯股权质押融资产品，不需要企业或者股东以其他任何资产作为担保，充分体现了纯股权质押的特点。二是创新风险管理机制。产品对企业、合作银行和增信方的风险进行了梳理协调，为产品设计了有效的风险管理与风险处置机制，当企业还款触发违约条款时，由合作的基金公司负责受让其股权，进行风险处置。三是创新基金扶持中小企业发展模式。合作基金公司利用区域性股权交易市场和银行的筛选机制，选择优质的企业，以担保加投资的模式，扶植中小企业发展。四是提高贷款办理效率。合作银行开辟快速审批的绿色通道，保证最快速度放款。工商登记部门与吉林省股权登记托管中心同样开通绿色通道，保证企业可以高效率、快速地完成股权登记、出质、处置、变更等业务，极大提高办事效率。五是降低贷款准入门槛。企业只要符合吉林股权交易所要求的条件就可以申请参与产品融资，远低于银行贷款门槛。六是节约企业贷款综合成本。为切实降低企业融资成本，将综合成本控制在12%以内，且贷款随用随还，只对已使用的金额和时间计算利息。股宝通的业务流程如图2.6所示。

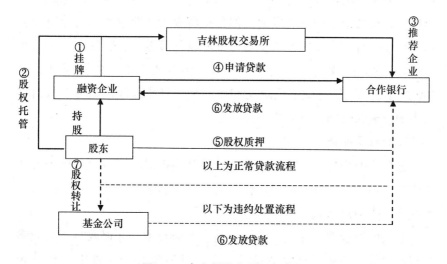

图2.6 吉交所股宝通业务流程

资料来源：吉交所。

④股兴保

股兴保是吉交所联合兴业银行与中国人民财产保险公司，共同打造的融资服务产品，宗旨是为中小微企业提供"高效、便捷、低成本"的融资服务。企业以股东持有的一定比例股权作为债权担保，委托吉交所通过本产品向银行申请贷款。企业在获得银行授信的同时，须投保人保财险公司小额贷款保证保险，如企业到期不能偿还贷款，由银行处置其股权，保险公司按照其与银行签署的《小额贷款保证保险业务合作协议》履行其相关权利及义务。其特点：一是创新担保方式。此产品为纯股权质押融资产品，不需要企业或者股东以其他任何资产作为担保，企业只需投保人保财险公司小额贷款保证保险，即可获得银行的贷款。二是创新风险管理机制。产品对企业、合作银行和保险公司的风险进行了梳理协调，为产品设计了有效的风险管理与风险处置机制，当企业还款触发违约条款时，由保险公司按照其与银行签署的《小额贷款保证保险业务合作协议》履行其相关权利及义务。三是创新保险公司扶持中小微企业发展模式。人保财险公司、兴业银行、吉交所一起选择优质的企业，以企业购买小额贷款保证保险的增信模式，扶植中小微企业发展。四是提高贷款办理效率。人保财险公司、兴业银行、吉交所开辟快速审批的绿色通道，资料齐全，一般在5—10日内完成放款。五是融资额高、融资成本低。融资额可达到200万元，融资综合成本控制在11%以内，且贷款随用随还，只对已使用的金额和时间计算利息。

⑤股权质押贷款

股权质押贷款是指按《中华人民共和国担保法》规定的质押方式以借款人或第三人持有的股权作为质物发放的贷款。前款规定的借款人或第三人为出质人。

股权质押贷款条件包括：符合国家产业政策；环保政策；商业银行贷款政策；企业经营业绩良好；在吉林股权登记托管中心托管企业；企业资产负债率不超过70%；在金融机构无不良记录；符合银行要求信用等级。吉交所股权质押贷款业务流程如图2.7所示。

⑥直投融资

吉林股权交易所投资组建了解决直投需求的两只四板基金，即吉林省四板股权投资基金和吉林省东吉开元基金，已为域内企业投放资金1500万元。

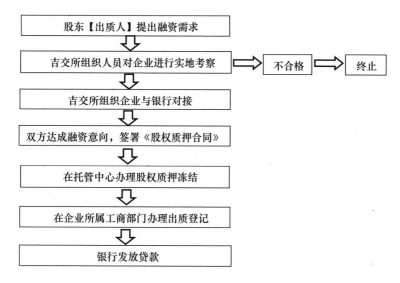

图 2.7　吉交所股权质押贷款业务流程

资料来源：吉交所。

吉交所同时为企业获得直投融资提供信息，搭建平台。2017 年，吉林省艾富通科技有限公司的"智能主动防卫系统"项目在吉交所和吉林省科技大市场的指导和推介下，获得吉林省科技投资基金 Pre-A 轮股权直投融资 300 万元，破解了初创科技企业融资难题。艾富通在吉交所初创板挂牌，在发展之初遇到技术、资金等方面的诸多困难。吉林省科技大市场通过吉林股权交易所了解，主动为艾富通等中小型企业提供了创业辅导、管理咨询、投资咨询、人才培训、创新技术、知识产权等一系列技术和产权相关服务。科技大市场会员单位吉林省科技投资基金股份有限公司对艾富通的项目产生浓厚兴趣，并主动进行撮合、联系。通过一系列的项目路演、尽职调查与投资决策后，不到 3 个月时间资金就已到账。

（二）创业风险投资

中国创业投资体制建设史上具有里程碑式意义的"创投国十条"——《国务院关于促进创业投资持续健康发展的若干意见》（以下简称《意见》）于 2016 年 9 月 20 日发布。其内容主要包括培育多

元创业投资主体，赋予天使投资人作为个人创业投资主体地位；股债
联动，多渠道拓宽创业投资资金来源；加大政策扶持力度，强调投资
方向引导；着力构建法律保障体系，完善相关法律法规；更好发挥资
本市场功能，完善创业投资退出机制等十个方面。《意见》的发布将
进一步规范并推动我国创业风险投资的发展。

1. 全国创业风险投资发展状况

（1）天使投资发展状况

天使投资（Angel Investment），是风险投资的一种形式，是指富有
的个人出资协助具有专门技术或独特概念的原创项目或小型初创企业，
进行一次性的前期投资。李姚矿、汤汇道和龙丹（2011）率先将我国天
使投资发展模式分为三种：第一，李开复创立的"创新工场"模式；第
二，天使投资人自发组织和天使投资网络模式；第三，天使投资与企业
孵化器相互结合模式。之后，对于天使投资的发展模式国内其他学者陆
续给出了各自的不同分类。邵坤（2012）根据天使投资方式和特点的不
同将天使投资总结为五个模式：个人天使投资模式、以天使投资人自发
组织为主体的团队模式、以专业团队为构架的天使投资基金模式、天使
投资与企业孵化器相互对接模式、利用互联网技术搭建的天使投资平
台。陈强（2016）将中国的天使投资形态分为三大类：第一类是天使投
资人，主要是高净值的富人或者创业成功的企业家，他们以个人形式将
富余资金投入种子期和早期创业企业；第二类是天使投资机构，包括政
府主导/参股的各类基金以及完全市场化的各类机构和基金，如上海市
大学生基金会运作的政府天使投资基金、徐小平的真格基金等；第三类
是天使投资团体（俱乐部）。主要是天使投资人组织的创业类交流和沟
通平台，如中关村天使投资联盟、深圳天使投资俱乐部等。

天使投资的作用主要体现在三个方面：第一，提供种子资金：
Fenn 等（1997）研究发现天使投资主要在企业发展的较早期阶段提
供种子资金。Wong（2002）调查发现天使投资金额小，集中于年轻
的公司和公司生命周期的较早阶段。第二，管理咨询服务：Mason 和
Harrison（1994）认为天使投资具有为创业企业筹谋划策的作用，它

是提供增值服务的投资者。第三，过桥融资：Wong（2002）研究发现，天使投资在帮助企业从风险投资融入下一轮资金方面，提供了重要的社会网络作用。这种作用表现为，它不与风险投资进行竞争，而是为企业融入风险投资之前提供过桥融资，并且天使投资者的数量与距离风险融资的时间存在相反关系。

中国的天使投资始于20世纪90年代互联网高科技企业的兴起，但是由于受到美国网络科技泡沫破灭的影响，在2006年以前，中国天使投资处于试探阶段，总体规模较低且不稳定，统计数据显示，除了上海、江苏及广东三地，其他地区包括北京都存在没有天使投资的时段。2006年之后，中国天使投资进入快速增长阶段，许多地区呈现出稳定发展局面。2016年中经未来产业研究院《中国天使投资发展研究报告》显示，2015年中国本土天使投资机构全面爆发，在上半年便超过2014年全年，全年投资案例超历史总和。2015年中国天使投资机构共投资2075起案例，披露金额超过101.88亿元，两项数据分别环比超越2014年全年数据170.9%和214.9%。2015年国内天使投资机构共募集124支天使投资基金，已披露的募集金额约203.57亿元，超2014年全年募资规模约209.9%。当然由于天使投资的单笔投资规模小，即便经历了2015年、2016年的快速发展，其在整个风险投资体系中的占比仍然较小。

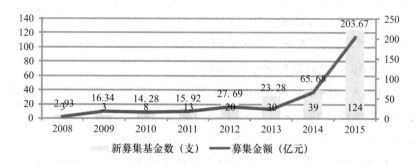

图2.8　中国天使投资募集总量的变化比较（2008—2015年）

资料来源：清科研究中心。

（2）VC/PE 发展状况

风险投资（Venture Capital，VC）又称"创业投资"，广义的风险投资泛指一切具有高风险、高潜在收益的投资；狭义的风险投资是指以高新技术为基础，生产与经营技术密集型产品的投资。风险投资能够给企业带来较长期的资金支持，促进高新技术成果尽快商品化、产业化，对中小企业的发展起到一定的推动作用。

广义的私募股权投资（Private Equity，PE）为涵盖企业首次公开发行前各阶段的权益投资，即对处于种子期、初创期、发展期、扩展期、成熟期和 Pre-IPO 各个时期企业所进行的投资，相关资本按照投资阶段可划分为创业投资、发展资本、并购基金、夹层资本、重振资本、Pre-IPO 资本，以及其他如上市后私募投资、不良债权和不动产投资等等。狭义的私募股权投资 PE 主要指对已经形成一定规模的，并产生稳定现金流的成熟企业的私募股权投资部分，主要是指创业投资后期的私募股权投资部分，其中并购基金和夹层资本在资金规模上占最大的一部分。中国 PE 主要是指这一类投资。私募股权投资在广义上包含风险投资，随着资本市场上的竞争愈演愈烈，私募股权投资和风险投资界限不断渗透，目前，很多传统上的 VC 机构也介入 PE 业务，而许多传统上被认为专做 PE 业务的机构也参与 VC 项目，二者在实际业务中界限越来越模糊。因此，本书研究中小型科技企业融资问题时，对于私募股权投资和风险投资不做区分。

2016 年，我国创业风险投资行业 VC/PE 在机构数量、资本总量、投资金额等方面都呈现了较好的增长势头。

①2016 年募资数量和募资金额

2016 年中国创业风险投资基金募资数和募集金额均创历史新高，共新募集 636 支可投资于中国大陆的基金，同比上升 6.5%；已知募资规模的 545 支基金新增可投资于中国大陆的资本量为 3581.94 亿元，同比上升 79.4%。超大额基金的募资频频发生，主要投资于企业技术创新和产业升级项目，募资市场十分活跃，如图 2.9 所示。

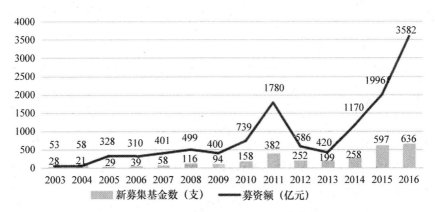

图 2.9　VC/PE 新增募资情况（2003—2016 年）

资料来源：私募通。

②2016 年投资案例数和投资金额

2016 年中国创业风险投资市场活跃度很高，全年共发生 3683 起投资。创业风险投资机构更加注重价值投资，创业者也更加理性，不再一味追求企业的高估值，因此大部分项目的估值维持在一个合理区间，披露金额的 3419 起投资交易共计涉及金额 1312.57 亿元，仅比 2015 年多 19.23 亿元（见图 2.10）。平均投资金额有所下降，在披露案例的全部投资交易中，平均投资规模 3839.04 万元。

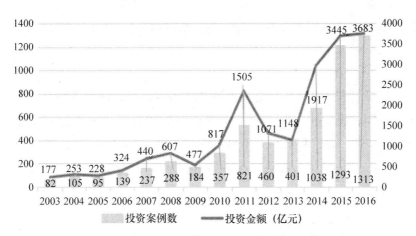

图 2.10　VC/PE 投资情况（2003—2016 年）

资料来源：私募通。

③2016 年年底资本存量

截至 2016 年年底，中国创业风险投资机构数达到 2045 家，较 2015 年增加 270 家，增长 15.2%；管理资本总量达到 8277.1 亿元，较 2015 年增加 1623.8 亿元，增幅为 24.4%，占 GDP 比重达到 1.11%，较 2015 年提高 0.15%。投资于中国大陆的资本存量逐年增长，2016 年可投资于中国大陆的资本存量的增加率为 57.3%，总规模达 6231 亿元如图 2.11 所示。

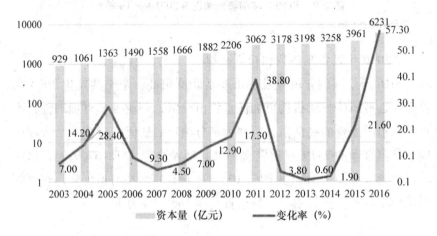

图 2.11 VC/PE 可投资于中国大陆的资本存量比较（2003—2016 年）

资料来源：私募通。

受多层次资本市场日益完善等利好因素影响，创业风险投资项目退出总体表现良好，2015 年全年通过 IPO 方式退出的项目占比上升到 17.32%，通过并购方式退出的项目占比达到 29.67%，二者合计接近 50%。创业风险投资基金在支持高新科技企业融资中发挥了重要作用。

2. 吉林省创业风险投资发展状况

（1）天使投资发展状况

清科研究中心发布的《中国股权投资市场 2015 全年回顾与展望》

显示，在天使投资市场已披露的投资案例中，东北地区共获得 4 起投资，投资金额约为 700 万元。天使投资基金在东北地区的投资，在其整体投资规模中占比大多不到 5%。由于东北地区投资环境不佳，使东北地区的创投企业获得天使投资的难度远远超过北上广深等活跃地区。创投界"天使看人、A 轮看产品、B 轮看模式、C 轮看数据、D 轮看利润"的规则并不适用于东北地区。北上广深创业者往往拥有一个商业计划书、一个 idea（想法）就可以融到钱，而东北地区的创业早期资金大多都是创业者或者家里人自掏腰包。基本需做到类似北上广深 A 轮的程度，即项目落完项，数据、团队、业务影响力都已经展示出来了，才能寻找到下一步的资金支持。

为了提高吉林省的投资吸引力，2015 年 12 月长春高新区、摆渡创新工场和吉林省紫运祥业投资有限公司共同举办了"中国著名天使投资人吉林行"活动，邀请来自北京、四川、河北等地的近 20 位著名天使投资人来长考察投资项目。拥有 200 余名天使投资人，募集资金 20 亿元的国内知名投资机构天使茶馆在此项活动后正式落户长春摆渡创新工场，成为吉林省第一家专注天使投资阶段的投资机构。但是总体来看，吉林省企业获得早期投资的数量较少规模也较小。

（2）VC/PE 发展状况

吉林省的风险投资机构 VC/PE 出现时间与国家政策的出台时间基本相符，起步并不算晚。1997 年 7 月，吉林省高新技术产业发展投资担保有限公司成立，是吉林省第一家明确其主要业务为向高新技术企业提供投资和担保等投融资服务的企业，定位于风险投资机构。2005 年 4 月，吉林省高新技术产业发展投资担保有限公司和吉林省中小企业信用担保有限公司合并，注册成立吉林省信用担保投资集团有限公司，现注册资本达到 118958.16 万元。1997 年 6 月，原长春市科学技术委员会为了更好地发挥科技经费效能，提高政府资金利用率，成立了长春市科技发展中心，这是长春市第一家带有风险投资功能的国有企业。2000 年 4 月，为了更好地扶持高新技术中小企业的发展，由长春高新区和长春市科委共同出资，注册成立了长春科技风险投资有限公司，初始注册资本 5000 万元。长春科技风险投资有限公司是长春市第一家专业风险投资机构，其投资的项目和企业大多为初创期的科技型中小企业，在项目运作上也完全按照风险投资的流程和要求来执行。Wind 资讯数据统计显示，截至 2017 年 11 月底，吉林省内共有 VC/PE 机构 64 家。总体来看，投资数量及投资金额自2015 年后呈现大幅增长趋势。吉林省 VC/PE 投资情况分别如图 2.12和图 2.13 所示。

图 2.12　吉林省 VC 投资情况一览

资料来源：清科研究中心。

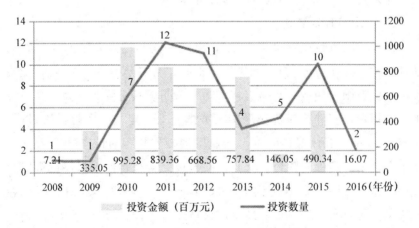

图 2.13　吉林省 PE 投资情况一览

资料来源：清科研究中心。

（三）民间借贷

1. 科技小贷公司

科技小贷公司按照行业"小额、分散"的原则，主要服务于高新技术产业园区、重点产业园区、科技型创新创业团队，有助于增加对科技创新的金融服务供给，破解科技型中小微企业因"轻资产、无抵押、风险高"遭遇的融资困境。

中国科技小贷公司模式的实践源于 2010 年 10 月 28 日苏州市融达科技小额贷款有限公司。科技小贷公司模式的创新主要体现为以下四个方面：一是可以以不高于资本净额的 30% 从事创业投资业务；二是资本来源除不超过两个银行业金融机构外，增加了经批准的股东借款和科技小额贷款公司之间资金调剂拆借两条渠道；三是杠杆率由 1.5 提高到了 2，"资本充足率"要求由 66.67% 降低到了 50%；四是不设置单笔贷款额的绝对额限制，放宽了最低贷款额的限制。四川省锦泓科技小贷从 2012 年开始探索科技金融，是中西部第一家更名为科技小贷的公司，4 年多来，通过小额信贷支持了 200 多家初创企业，其中有 5% 的企业估值上亿元，15% 的企业引进风投。2014 年，中国人民银行会同科技部、银监会等六部门联合发布《关于大力推进体制机制创新扎实做好科技金融服务的意见》（以下简称《意见》），明确指出支持发展科技小额贷款公司、金融租赁公司和财务公司为科技企业提供金融服务。《意见》发布后科技小贷在各省取得了长足的发展。成都高新区全面支持科技小贷发展，获得科技小贷试点企业贷款的公司可享受成都高新区贴息政策，即对获得的资金贷款，当年给予银行同期贷款基准利率 40%—70% 的利息补贴。截至 2016 年 6 月，四川省金融办为国汇小贷、锦泓科技小贷、高投小贷、温江兴文小贷、崇州合力小贷、青羊正知行小贷等六家小贷公司发放了科技小贷转型批文。获批开展科技小贷业务试点的高投科贷发展迅速，其根据企业不同发展阶段，陆续开发了创业贷、孵化贷、助力贷、千人计划贷、订单贷等 11 种贷款类产品，并研发推出了载体贷，增加对科技园区的服务力量，提升其孵化能力，与成都高新西区的顺康新科孵化园区、融智园区建立了合作关系。自获批试点以来,高投科贷服务企业近 100 户,贷款发生额近 1 亿元。

在小贷公司转型的趋势下,吉林省也专门成立了科技小贷公司,服务科技型中小企业。截至 2017 年 11 月底,吉林省科技小贷公司累计向科技企业发放贷款 4730 万元。

2. "互联网 + 科技普惠金融"服务平台

2015 年 6 月,吉林省在全国首度运用银联商务公司开发的系统平台后台监控,正式上线运营"互联网 + 科技金融"服务,2017 年 10 月升级为"互联网 + 科技普惠金融"服务平台。公开资料显示,截至 2017 年 5 月底,长春市通过"互联网 + 科技金融"服务平台,共为 13 户企业解决贷款 4100 万元。

第三节　政策维主体的政策扶持现状

为了帮助科技型中小企业提升创新能力,吉林省各级政府部门近几年全力打造科技型中小企业培育体系,搭建公共服务平台,通过政策性基金、财政补贴等多种方式,引导社会资金向科技型中小企业提供资金支持,帮助企业快速成长。

一　科技型中小企业培育体系

吉林省目前拥有 11 个国家级开发区,6 个高新技术产业开发区,其中国家级高新技术产业开发区 4 个,为科技型中小企业的创建和发展提供了良好的平台,保证了吉林省拥有一定数量的优质上市企业资源。

(一)搭建科技企业孵化器及众创空间

科技企业孵化器是以科技型中小企业为服务对象,以提高科技成果转化率、培养高新技术企业和企业家为宗旨的科技服务企业。它为入孵企业提供研发、中试生产、经营的场地和办公方面的共享设施,提供政策、管理、法律、财务、融资、市场推广和培训等方面的服务，以降低企业的创业风险和创业成本，提供企业的成活率和成功率，为社会培养成功的科技企业和企业家。众创空间是顺应创新 2.0 时代用户创新、开放创新、协同创新、大众创新趋势，把握全球创客浪潮兴起的机遇，根据互联网应用深入发展、创新 2.0 环境下创新创业特点和需求，通过市场化机制、专业化服务和资本化途径构建的低成本、便利化、全要素、开放式的新型创业服务平台的统称。众创空间有效利用国家自主创新示范区、国家高新区、科技企业孵化器、高校和科研院所的有利条件，能够发挥政策集成效应，实现创新与创业相结合、线上与线下相结合、孵化与投资相结合，为创业者提供良好的工作空间、网络空间、社交空间和资源共享空间。

1. 全国发展状况

2014 年 6 月北京中关村创业大街揭幕，同年 9 月李克强总理在夏季达沃斯论坛上首次提出"大众创业""草根创业"，2015 年 1 月"众创空间"概念出现，同年 3 月国务院发布《关于发展众创空间推进大众创新创业的指导意见》，以此为标志中国企业孵化器事业进入"双创时代"。众创空间概念提出的最初阶段，科技企业及相关政府、科研部门对传统和创新型孵化器，实体和虚拟孵化器，以及众创空间的概念、功能等界定不清，片面追求众创空间的数量面积，服务水平低下，同质化严重，一度造成思想混乱。之后经过两年的优胜劣汰，澄清实践，加强并规范管理，逐步理清明确了"众创空间（苗圃）＋孵化器＋加速器＋产业园"的科技创业孵化链条。据科技部统计，截至 2016 年底，全国有创业孵化载体 7533 家，包括科技企业孵化器 3255 家，众创空间 4298 家，企业加速器 400 余家，国家高新区 156 家，共同组成了持续有序的创业生态。

在创业生态不断优化的背景下，国家级"双创平台"发展迅速。截至 2016 年年底全国共建成国家级"双创"平台 2226 家，包括1354 家国家级众创空间和 872 家国家级科技企业孵化器、加速器以及产业园区。2016 年，国家级众创空间的增加几乎是爆发式的，增加的国家级众创空间几乎是此前几年的一倍。截至 2015 年，这一数据仅为 1258 家。2016 年新增了 839 家。以地区分布而言，高居前十的城市是北京、天津、上海、深圳、青岛、苏州、广州、杭州、西安和武汉。接递有序的服务链条，形成了从创意到产业的双创生态，构成具有中国特色的创业孵化体系，累计孵化科技型中小企业 22.3 万家，累计毕业企业 8.9 万家，其中，上市和挂牌企业 1871 家，占创业板上市企业的 1/6，占新三板挂牌企业的 1/10；涌现了一批知名上市科技企业，推动了高新技术产业快速发展，为新经济发展注入新动力。

在双创平台的布局上高新区内显示出明显的企业集群效应。截至 2015 年年底，全国 146 家高新区内共有科技企业孵化器 1354 家，其中国家级 369 家，总面积达 1821.9 万平方米；科技企业加速器 371 家，面积达 3311.6 万平方米。国家级科技企业孵化器内共有在孵企业 32895 家，其中当年新增 8871 家，累计毕业企业 32674 家。高新区共拥有 1021 家"众创空间"，其中科技部备案的为 221 家。孵化器和众创空间促进了中国高新技术产业的健康发展，缓解了社会就业压力，提高了中国技术创新能力。

2. 吉林省发展状况

吉林省作为全国范围内较早发展科技企业孵化器的省份，为促进区域经济发展及提高吉林省科技创新水平，吉林省政府高度重视科技企业孵化器等创新创业平台的建设，在资金方面给予大力支持，鼓励中小企业申报创新创业基金项目，并在孵化器建设、扶植企业及人才发展战略上给予政策倾斜，不断完善孵化服务环境，使吉林省科技企业孵化器得到了多元化发展。目前吉林省科技企业孵化器发展态势良好，在数量上逐步增多、规模不断扩大、运营模式多样化发展。截至 2016 年 5 月初，吉林省共有 62 家科技企业孵化器（含 19 家国家级科技企业孵化器），位置分布集中，其中 34 家位于长春市，10 家位于吉林市。国家备案的众创空间 12 家，国家级大学科技园 3 个，众创空间等新型孵化器 18 个。全省已建成孵化基地 228 家，孵化器场地面积达 117.41 万平方米，在孵企业 1753 家，累计孵化企业 3528

家，累计毕业企业 1202 家，吉林省孵化器建设已初具规模。截至
2017 年 2 月底，长春新区新建、在建孵化基地 29 个，拥有科技企业
孵化器、众创空间 27 个，其中国家级 9 个、省级 11 个，长春市"双
创"基地落户新区，东北袜业园等 3 个基地晋级为"国家小型微型企
业创业示范基地"。

现阶段吉林省科技企业孵化器运营模式是以政府投资及政企合资
为主，国有企业投资、民企投资及大学或科研机构投资运营为辅，形
成多种运营模式共同发展的态势。政策方面，吉林省政府推行了《吉
林省科技企业孵化器认定和管理暂行办法》《吉林省大学科技园管理
办法》以及《关于科技企业孵化器有关税收政策问题的通知》等扶
持性政策文件，大力支持孵化器建设及环境优化，给予资金支持，优
先扶持孵化器在孵企业申报各项创新项目，帮助科技型中小企业成
长，也推动了科技企业孵化器的建设和发展。

（二）搭建技术转移服务平台

2013 年 3 月，科技部发布《技术市场"十二五"发展规划》，提
出建设国家技术转移集聚区和区域技术转移核心区。按照科技部对国
家技术转移体系的战略规划，在全国构建"2 + N"技术转移体系。
"2"是指在中关村建设国家技术转移集聚区、在深圳市建设国家技
术转移南方中心；"N"是指在中部、东部、西北、西南、东北等地
建设大区域技术转移中心。吉林省科技大市场于 2013 年开始规划，
2014 年建设完成，并于 2014 年 12 月 26 日开始试运营。2015 年，吉
林省《国家技术转移东北中心建设发展规划》获批，国家技术转移
东北中心落户吉林，标志着吉林省科技大市场建设工作上升为国家战
略。吉林省科技大市场将作为国家技术转移"2 + N"体系布局中重
要组成部分，承担东北地区技术转移核心区的功能，扁平化链接全国
各技术转移区域中心的科技创新资源，集聚、整合和利用国内外创新
资源，形成以东北中心为枢纽的跨机构、跨行业、跨国家的综合性、
复合性技术转移新格局。

2016 年 7 月，由长春高新区管委会和长春市科技局共同建设的长

春科技大市场正式启动运行，成为成果转化的"加速器"、产业发展的"助推器"、资源统筹的"聚变器"。科技大市场投入运营之后长春市科技创新工作突飞猛进。2015 年，长春市技术合同成交额只有24.46 亿元，2016 年技术合同交易额达到 108.2 亿元，是 2015 年的4.45 倍。截至 2017 年 10 月底，长春科技大市场已入库重点科技型企业 1487 户，认定科技型"小巨人"企业累计 458 户，技术合同成交额 190.7 亿元。累计为 800 余户科技企业提供科技金融服务，投融资超过 46 亿元。

（三）搭建公共技术服务平台

为了鼓励和引导中介服务机构为科技型中小企业提供公益性的公共技术服务，吉林省于 2006 年设立了中小企业公共技术服务机构补助资金项目，以便降低科技型中小企业技术创新的难度，推动相关产业的转型升级。吉林省已建成吉林省中小企业技术需求服务平台、精细化工中小企业公共技术服务平台、东北袜业产业公共服务平台等专业化中小企业公共服务平台 30 余项，培养了一批为吉林省中小企业服务的专业化机构和一支富于开拓、服务高效的专业技术服务队伍。

2011 年，工信部开始组织实施中小企业公共服务平台网络建设工程，并将其列入《"十二五"中小企业成长规划》关键工程和行动计划之首。吉林省按照"1+27"模式建设平台网络，即 1 个省级枢纽平台和 27 个重点市、县及产业集群窗口服务平台。吉林省促进中小企业发展服务中心负责整个平台网络的建设、运营、管理、指导等工作职责，由 9 个市州、10 个县市、8 个产业集群共同组建 27 家窗口平台。2013 年 8 月 29 日，吉林省中小企业公共服务平台网络正式开通运行。

（四）搭建科技金融服务平台

吉林省充分利用科技金融服务实现科技与金融有效对接，帮助企业建立多元化、多层次的融资渠道。例如，吉林省科技厅与兴业银行长春分行签订合作协议，共同打造"科技金融服务平台"，将科技创新和资本市场有机结合起来；吉林省科技厅与交通银行吉林省分行签署全面战略合作协议，将为高新技术产业发展和科技型中小企业提供50亿元信贷支持。

2013年长春市高新区成立的科技型创新服务中小企业投融资服务中心"磐谷金融中心"升级为长春市科技金融中心，成为全省首家科技金融专门服务机构，带动并推进全省科技金融工作的展开。长春科技金融创新服务中心为科技型企业提供科技小额贷款、科技风险投资、科技担保等"一条龙"服务，组建了吉林省第一家科技金融创新综合服务平台、第一家专业化科技支行、第一家科技小额贷款机构、第一家科技信用担保机构、第一家与银联合作的"互联网＋科技普惠"金融服务平台、第一家人才科技金融服务平台、第一家打造科技红娘服务团队平台。综合运用科技信用担保、股权投资、债权融资、"互联网＋科技普惠"金融、双创微贷、为科技企业提供担保费及贷款贴息后补助、新三板挂牌后补助、知识产权质押保险、专利减缓等多种融资方式，为科技企业和科技人才全面解决融资难题。截至2017年9月，长春科技金融创新服务中心的科技企业备案入库数达到1375户，科技企业新三板挂牌后补助27户，104户科技企业享受到贷款贴息；签约域内外战略服务机构40余家，为科技企业提供投融资金额55.5亿元。2017年9月，长春科技金融创新服务中心升级为吉林省科技金融服务中心，并正式挂牌，成为吉林省科技金融示范基地。

（五）搭建双创人才服务平台

科技型中小企业与科研院所存在一定的创新合作。科研院所向外输送科研成果，而科技型中小企业则向内输入科研院所创造出的新知识和新技能。在洞察市场需求方面，企业要与科研院所保持步调一致，因为科研院所与企业研究内容的配套性、信息交流情况、知识共享程度等都决定了企业的创新绩效。另外，高校培养出的人才是企业更好发展的重要保障。在科技型中小企业培育系统中，企业与高校及科研院所应当建立起广泛的合作关系。一方面企业要及时准确地向高校传递人才需求信息，另一方面，高校也为企业未来用人情况提供培训方案，这样利于降低企业招聘人才以及培训人才的较高费用。

吉林省科技厅与吉林大学共同建设了吉林省"科技型创新企业人才培训基地"，并组织举办"科技型创新企业总裁（1＋n）高级研修班"以增强企业核心领导的创新意识，努力为企业培养优秀团队，进而培育一大批科技型创新企业集群，促进全省产业结构调整和经济增长方式转变。

二 政府引导基金

（一）中国政府引导基金的发展状况

中国的引导基金起源于 1998 年以后的创业投资热潮，北京、深圳、上海、江苏、山东等地相继成立了多家政府背景的创业投资公司。这些地方政府主导型的创业投资机构虽然没有被称为"创业投资引导基金"，但在其实际运作中，起到了政府引导基金的作用。这些政府主导型创业投资机构，很快成为中国创业投资行业的重要力量。

1. 起步阶段（2014 年以前）

2002 年，中国第一家政府引导基金——中关村创业投资引导资金成立。该引导资金是由北京市政府派出机构——中关村科技园区管理委员会设立。该基金的运作主体为北京中关村创业投资发展中心，资金来源于中关村管委会，总规模 5 亿元，主要采用种子资金、跟进投资和参股创业投资企业的方式进行运作。

2005 年 11 月，为了有效克服财政资金参与创业投资的不足，国务院十部委联合发布《创业投资企业管理暂行办法》，其中第二十二条明确规定："国家与地方政府可以设立创业投资引导基金，通过参股和提供融资担保的方式扶持创业投资企业的设立与发展。"此文件概括规定了引导基金的设立方式和作用，至此，第一次从正式文件上引出了引导基金的概念，确立了引导基金的法律地位。

2007 年，为贯彻《国务院关于实施〈国家中长期科学和技术发展规划纲要（2006—2020）〉若干配套政策的通知》，财政部和科技部联合制定了《科技型中小企业创业投资引导基金管理暂行办法》。

该办法对科技型中小企业创业投资引导基金的设立目的、资金来源、运作原则、引导方式和管理方式等进行了规定。科技型中小企业创业投资引导基金专项用于引导创业投资机构向初创期科技型中小企业投资，属于典型的风险投资引导基金。2007 年开始，国内创业投资进入高速发展期，政府引导基金也得到了快速发展。从科技部到地方地级市政府，都开始筹划设立创业投资引导基金。2007 年科技部、财政部启动了中国第一个国家级的科技型中小企业创业投资引导基金，首期规模为 1 亿元。

2008 年，国家发改委联合财政部、商务部共同出台《关于创业投资引导基金规范设立与运作的指导意见》（以下简称《指导意见》），第一次对引导基金的概念进行了详细的定义。《指导意见》指出："创业投资引导基金是指由政府设立并按市场化方式运作的政策性基金，主要通过扶持创业投资企业发展，引导社会资金进入创业投资领域。引导基金本身不直接从事创业投资业务。"从广义上来说，创业投资引导基金是由政府设立的政策性基金。政府产业引导基金、创业投资引导基金以及科技型中小企业创新基金等都属于引导基金。狭义上的引导基金主要是指政府创业投资引导基金。

创业投资引导基金能够发挥财政资金的杠杆放大效应，增加创业投资资本的供给，克服单纯通过市场配置创业投资资本的市场失灵问题，特别是通过鼓励创业投资企业投资处于种子期、起步期等创业早期的企业，弥补一般创业投资企业主要投资于成长期、成熟期和重建期企业的不足，在缓解科技型中小企业融资难题中发挥了重要作用。

2. 快速发展阶段（2015 年以后）

2015 年 11 月 12 日，财政部发布《政府投资基金暂行管理办法》（以下简称《办法》），对政府投资金的设立、运作和风险控制、终止和退出、预算管理、资产管理以及监督管理进行规范管理。《办法》重点支持四大领域的投资，并引入否定清单管理，指出不得投资二级市场股票等六大业务。

2015 年后从中央层面到地方层面，各地政府都开始或者筹划设立政府引导基金，广泛撬动社会资本，拓宽企业股本市场化补充渠道。从国家层面看，2015 年国家新设两只引导基金，分别是总规模为 400 亿元的国家新兴产业创业投资引导基金，引导社会各方面资金参与超过 1800 亿元；总规模 600 亿元的国家中小企业发展基金，撬动社会资金千亿以上。从地方层面看，在中央鼓励政府引导基金发展的背景下，各地方政府纷纷积极设立政府引导基金，设立主体也由省级单位逐渐延伸至市级及区级单位，掀起了发展政府引导基金的小高潮。在政府引导基金的设立形式上，各地方政府灵活设立了股权投资基金、产业投资基金、天使投资基金等多种形式的基金，服务不同投资方向和重点领域。

根据赛迪数据统计，2014 年全国政府引导基金规模达到了 2879 亿元，同比增长 294%，2015 年政府引导基金规模达到 15090 亿元，同比增长 424%。截至 2015 年 12 月底，国内共成立 780 支政府引导基金，基金规模达 21834.47 亿元。2015 年新设立的政府引导基金为 297 支，基金规模 15089.96 亿元人民币，分别是 2014 年引导基金数量和基金规模的 2.83 倍和 5.24 倍。

2016 年，政府引导基金规模出现井喷式增长。根据中经未来产业研究院发布的《2016 中国创业投资引导基金运作模式与发展策略研究报告》，截至 2016 年 12 月底，国内累计成立 1013 支政府引导基金，目标规模已经超过 5.3 万亿元，已到位资金 1.9 万亿元。2016 年新设立政府引导基金 384 支，披露的总目标规模超过 3.1 万亿元。

（二）吉林省政府引导基金发展状况

1. 创业投资引导基金

2007 年 12 月，吉林省创业投资引导基金成立，注册资本 2 亿元。由吉林省投资（集团）有限公司和国家开发银行吉林省分行，出资比例各为 50%。引导基金通过市场化的方式支持吉林省企业在创新和成长阶段的发展。

2010 年 3 月，吉林省创业投资引导基金正式启动，设计了由吉林省政府发起、省工信厅具体组织实施的 1 + 4 + N 模式，即由省政府独家出资设立母基金，再将母基金分别与 4 家投资公司（深圳创新投资有限公司、华创投管理有限公司、香港三恩资本有限公司、北京拓世诺金投资有限公司）合作设立子基金，子基金的总规模为母基金的 5—6 倍。这种模式是当时国内政府引导基金的最优模式，也是吉林省首次以有限合伙的方式引入投资人。在该模式下吉林省出资 1 亿元参股设立了吉林省国家生物产业创业投资基金和吉林省国家汽车电子产业创业投资基金两只创业投资基金，对相关行业的高新技术企业进行投资。两支基金总规模均设定为 10 亿元，一期规模均为 2.5 亿元，其中国家出资 5000 万元，吉林省出资 5000 万元，募集社会资本 1.5 亿元。发挥政府引导基金的放大效应和示范效应，借助资本市场的规则，促使有产业支撑的高新技术企业和创新型企业尽快成长起来。

2010 年 8 月，吉林省创业投资引导基金联合中国银河投资管理有限公司出资成立北京银河吉星投资管理有限公司，注册资本 300 万元。其中中国银河投资管理有限公司出资 210 万元，占注册资本的 70%；吉林省创业投资引导基金出资 75 万元，占注册资本的 25%；长春高新创业投资集团有限公司出资 15 万元，占注册资本的 5%。北京银河吉星投资管理有限公司全面负责吉林省国家生物产业创业投资基金、吉林省国家汽车电子产业创业投资基金的运营和管理。

2012 年 11 月，吉林省创业投资引导基金有限责任公司与盈富泰克创业投资有限公司、北京鼎典泰富投资管理有限公司等合伙人共同出资设立吉林省国家新能源创业投资基金合伙企业。基金设立总规模为 10 亿元，注册资本金 2.6263 亿元，存续期 7 年，主要投资于吉林省内新能源及相关产业高成长性项目，企业处于初创期、早中期的创新型企业。

2014 年 8 月，吉林省创业投资引导基金有限责任公司与盈富泰克创业投资有限公司、海通开元投资有限公司等合伙人共同出资设立海通（吉林）现代服务业创业投资基金合伙企业。基金总规模 10 亿元，注册资本金 2.94 亿元，存续期 7 年，主要投资于吉林省内现代服务业及相关产业高成长性项目，企业具备原始创新、集成创新或消化吸收等创新属性且处于初创期、早中期的创新型企业。加大对吉林省新兴产业的金融扶持力度，吸引社会资金进入新兴产业领域。

2014年8月27日，吉林省创业投资引导基金管理有限公司发起成立吉林省新兴产业小额贷款有限责任公司，总规模为5亿元，首期注册资本金1.33亿元。公司主要经营各项小额贷款业务以及小企业发展、管理、财务等咨询业务，贷款对象主要是符合吉林省新兴产业培育计划的相关企业。

2. 产业投资引导基金

2015年，吉林省设立总规模为100亿的产业投资引导基金，并由省财政出资成立了吉林省股权基金投资有限公司负责管理运营。吉林省产业投资引导基金以母基金的形式存在，不直接参与项目投资，面向全国征集合格的私募股权投资管理机构（GP），成立专项子基金，政府引导基金参股到专项子基金中，出资比例一般在25%以内，参股不控股，不做第一大股东。基金主要围绕战略新兴产业、现代农业、服务业和科技成果转化四大领域；并针对吉林省的产业特点，在投资领域上增加秸秆综合利用。运行一周年以来，总规模设定为100亿元的基金已到位资金37.4亿元，第一批8支子基金已经落地运转；第二批已经完成评审、尽职调查、备案报批和公示等程序，正在进行谈判签约；第三批已经通过集中评审，正在开展尽职调查。全部资金将在2020年前全部到位。征集到的GP大多是省外的，全国知名的私募股权投资管理机构，合作GP包括海通证券、国泰君安、英飞尼迪等旗下的私募股权投资管理机构。吉林省政府对于引导基金的收益率、投资回报率和财政收入贡献等都没有设立硬性指标，对财政收入的贡献应该是长远的，短期内没有硬性要求，在收益方面也没有保本或保底的要求。但是，吉林省产业投资引导基金明确了对当地投资的要求：子基金在吉林省内投资额度，应该是引导基金出资额的2.5倍左右。比如专项子基金中吉林产业投资引导基金出资额占20%，那么该子基金的50%左右应投资在吉林省内，其余资金的投资可以面向全国。

3. 科技成果转化引导性基金

2015 年，长春市科技局设立长春市科技成果转化引导性基金，重点支持长春域内科技型中小企业创新发展。该基金投资参股"吉林中投科技成果转化创业投资合伙企业（有限合伙）"，重点支持长春域内企业开展科技成果转化工作；投资成立"长春科技大市场创业投资有限公司"，吸引社会资本参与，以股权投资方式重点支持科技型"小巨人"企业、高新技术企业；投资设立"长春科技振兴产业引导基金"，重点支持优势产业及项目。

目前吉林省政府引导基金主要投向农业、医药、环保节能、新能源以及秸秆等具备当地特色的领域。

三　财政补贴与贷款贴息

（一）贷款贴息

长春市科技局对具有科技创新项目的科技型中小企业，在 2016 年 1 月 1 日—2017 年 9 月 15 日，已获得长春科技金融创新服务中心（平台）战略合作签约银行或机构贷款支持的，以贴息的方式进行补助，按企业实际发生的贷款利息和科技担保费用给予补助，最高不超过 30 万元。

（二）无偿补助

在创新项目扶持上，长春采取"企业先行立项，与科研院所联合攻关，市场验收，政府后补助"的投入方式，使有限的政府投入发挥最大效益。

1. 科技型中小企业技术创新基金

科技型中小企业技术创新基金于 1999 年经国务院批准设立，为了扶持、促进科技型中小企业技术创新，用于支持科技型中小企业技术创新项目的政府专项基金，由科技部科技型中小企业技术创新基金管理中心实施。通过无偿拨款、贷款贴息和资本金投入等方式扶持和引导科技型中小企业的技术创新活动，促进科技成果的转化，培育一批具有中国特色的科技型中小企业，加快高新技术产业化进程。创新基金由科技部主管、财政部监管，通过无偿资助、贷款贴息和资本金投入三种方式，支持科技型中小企业创新创业，形成了资助种子期、初创期企业的技术创新项目、资助中小企业公共技术服务机构的补助资金项目和引导社会资本投向早期科技型中小企业的创业投资引导基金项目。

从 2000 年开始，吉林省每年都在科技发展计划中设置了 2500 万元的专项资金，作为省级科技型中小企业技术创新基金。

2. 科技创新主体培育补助

每年从长春市财政科技创新专项经费中拿出 1 亿元，作为科技创新主体培育专项资金，加大对科技型"小巨人"企业和高新技术企业的支持和引导力度。对备案的科技型"小巨人"企业，按照年度科技计划申报指南要求，择优以后补助的方式给予 10 万元的经费补贴，专项用于企业开展研发、创新能力提升等活动；对认定为长春市高新技术企业的企业给予 10 万元的经费补贴，对于成功通过高新技术企业认定的企业，给予 20 万元奖励性后补助；对销售收入首次突破亿元关口、销售收入大幅度增长以及主导制定国家（国际）技术标准的科技型"小巨人"领军企业，给予 20 万—50 万元奖励性后补助。

3. 产学研协同创新示范点重点支持

围绕长春市政府确定的 21 个产学研协同创新示范点重点支持，包括长东北科技创新中心建设、吉林省集成创新综合体建设、轨道交通装备产业协同创新基地建设、医药健康产业协同创新基地建设、信息产业协同创新基地建设、科技创新人才服务地方经济发展试验点、科技资源开放共享试验点等采取无偿资助方式进行支持，支持额度最高不超过 100 万元。

4. 科技企业孵化器建设项目支持

重点支持工业设计、检验检测的公共技术服务平台的技术能力提升，推动孵化器建设从"孵化企业"向"孵化产业"提升。采取无偿资助的方式，以后补助形式，给予最高不超过 50 万元的资助。

5. 众创空间建设项目支持

对众创空间建设项目采取无偿资助的方式以后补助形式资助。对综合型众创空间给予最高不超过 30 万元的资助，对专业型众创空间给予最高不超过 50 万元的资助。

6. 大型科研仪器设备资源共享补助

长春市辖区域内的高等院所、科研院所、企事业单位拥有的单台（套）原值在 20 万元以上（含 20 万元以下利用率高的仪器设备）且在长春科技大市场仪器设备共享服务平台登记备案的仪器设备，向社会开放，供第三方使用单位用于科学研究、技术开发和新产品开发。对使用共享设备的企业按实际支出的费用给予 10% 最高不超过 30 万元的奖励补助。对于提供共享设备方，市科技局依据其提供仪器设备数量及服务本地企业情况，制定评审标准，组织相关机构进行评审后，给予 3 万元、6 万元、9 万元的奖励补助，用于设备运行维护和管理人员培训和补助等相关费用。

7. 科技公共服务平台建设支持

推进研发设计、检验检测、文化创意、技术转让、科技咨询等科技公共服务平台建设，对应用示范服务效果显著的，给予 20 万元补助。对中小企业发展迫切需要、市场供给不足的公共服务，采用政府购买服务、以创新券方式予以支持。

8. 企业高水平研发机构建设支持

鼓励和支持企业进一步完善研发基础条件，加大研发投入、集聚研发人才；鼓励企业与高校院所共同开展工程化研究与开发，强化科技成果向生产力转化，促进企业向专精特方向发展，不断提升自身技术创新能力和市场竞争能力。对新获批的国家级企业技术中心，按投资额的 30% 给予最高不超过 500 万元资助。

9. 科技企业新三板挂牌后补助

支持持有自主知识产权和科技创新项目的科技企业进行股改和新三板挂牌，对已完成股改和券商辅导，并收到全国中小企业股权转让系统有限责任公司《受理通知书》的科技企业，给予一次性 30 万元的后补助。

10. 调动中介机构发挥作用

对开展高新技术企业认定的辅导服务或辅助工作，当年成功辅导并通过认定 5 家以上高新技术企业的基地（园区）、科技企业孵化器、生产力促进中心、有资质的中介机构等，按 1 万元/家的标准进行奖励，最高不超过 20 万元。

11. 引进高层次人才及团队

对企业吸纳并签订 3 年以上工作协议，对产业发展做出突出贡献的产业高端人才，经评定以当年个人所得税为参考，给予最高 20 万元奖励；对产业领军人物按个人所得税市级共享部分 100% 给予奖励；高层次人才子女申请就读长春市义务教育阶段学校和高中转学的，可在市属学校申请就读，各级教育部门应给予妥善安排。

（三）税费优惠

企业开展研发活动中实际发生的研发费用，未形成无形资产计入当期损益的，在按规定据实扣除的基础上，按照本年度实际发生额的 50%，从本年度应纳税所得额中扣除；形成无形资产的，按照无形资产成本的 150% 在税前摊销。高新技术企业所得税减按 15% 征收。

（四）科技贷款风险补偿

吉林省支持通过长春科技金融创新服务中心（平台）面向科技型中小企业开展专利权、商标权、版权等知识产权质押贷款业务和信用贷款业务。对自 2016 年 1 月 1 日以来，通过长春科技金融创新服务中心（平台）面向科技型中小企业开展知识产权质押贷款或信用贷款发生的损失，依法律程序实施尽职追偿后，按损失实际发生数额的 10% 比例给予补偿，单笔贷款风险补偿金额上限为 30 万元，同一单位累计补偿金额不超过 100 万元。

（五）科技企业投资保障

鼓励与支持创业投资和科技风险投资机构向进行高新技术研发、有投资潜力的初创期科技型中小企业进行股权投资，自 2017 年 1 月 1 日以来，已获得与长春科技金融创新服务中心签署战略合作关系的创业投资和科技风险投资机构股权投资的长春域内科技中小企业，按行权后投资额的5%给予投资保障，最高不超过100万元。

（六）创新券制度

创新券（Innovation Vouchers）是针对本国中小企业经济实力不足、创新资源缺乏，高校和研发机构没有为中小企业服务的动力机制，而设计发行的一种"创新货币"。创新券政策是以中小企业创新需求为基础的一项政府创新投入政策，政府向企业发放创新券，企业用创新券向研发人员购买科研服务，科研服务人员持创新券到政府财政部门兑现。创新券制度主要用于推动科技型中小企业与公共研究机构之间的技术转移与知识开发，企业向政府委托的专门机构申请创新券，并以此向公共科研机构购买知识产品用于本企业的技术创新或解决相关技术问题。科研机构再用创新券向政府换取货币补贴。创新券制度的推行有助于减少科技型中小企业与公共科研机构的沟通障碍，加速知识产业化的进程。

1. 国际市场创新券的发展状况

世界上最早发放创新券的国家是荷兰。2004年以来，欧洲的荷兰、意大利、比利时、爱尔兰、斯洛文尼亚、瑞典、瑞士、奥地利等国相继出台了创新券政策。由专门的机构来组织实施创新券的申请、发放、报销和监督。目前国外开展的创新券，主要包括以下几种类型。

（1）单一券与联合券模式

单一券与联合券主要在荷兰、爱尔兰等国发放使用。单一券又称小额券，用来解决单个中小企业商业发展的技术问题。爱尔兰一份单一券的价值是5000欧元，荷兰小额券的最高面值2500欧元。联合券又称大额券，用来解决若干企业关注的共性问题。爱尔兰联合最多可将10家公司的单一券合并起来构成联合券，最高价值可达5万欧元。荷兰大额券则针对一个较大型项目，各参加企业联合填写一张表格申请补助金，其最高价值也为5万欧元。

（2）基本券与扩展券模式

基本券与扩展券主要在丹麦等国使用，根据项目性质和政府出资比例划分。基本券40%由国家出资，用于以研究为基础的商业发展项目，确保中小企业知识研究。扩展券25%由国家出资，提供给较大型的研发合作项目，用于研究开发新的解决方法。

（3）一般券与专项券模式

一般券与专项券主要在瑞士等国使用，一般券面向所有技术领域，专项券面向特定的技术领域。2009年，瑞士创新促进机构（CTI）推出中小企业创新券，面向所有技术领域，每张创新券7500瑞士法郎。2010年为促进本国清洁技术发展，进一步推出了两个系列的创新券，第一个系列延续过去面向所有技术领域的形式，且面值保持不变；第二个系列则采用专项券的方式，专门给"清洁技术"领域的项目申请。

2. 国内市场创新券的发展状况

中国最早开展创新券实践的是江苏省宿迁市。2012年9月，宿迁市政府出台了《关于宿迁市科技创新券实施管理办法（试行）》，标志着创新券在国内的正式实施。宿迁市将财政资金以"有价证券"形式，向企业发放，企业利用创新券向大学、科研机构等购买科研服务，科研机构持创新券到政府财政部门兑现现金，实现服务的现金流。

2013年9月，浙江省湖州市长兴县也发放了创新券，企业可以用获得的创新券向研发机构购买服务，同时扩展了创新券的使用范围，可以用创新券到上海的研发公共服务平台定点购买异地的科技服务。

从2014年开始，国内大多省市均已出台创新券政策。目前，中国创新券根据财政资金的级别不同主要分为直接创新券模式和发展创新券模式。

（1）直接创新券模式

省级以下地区财政资金设立的创新券一般都是直接模式，直接面向企业和科技服务机构，由企业申请获取的。例如，南京市财政设立的创新券，由市内科技型中小企业向市科技成果转化服务中心提出申请，经市科委、市财政局审核后发放，企业申请到的创新券仅限于企业向高校、科研院所、相关科技平台购买科技服务、科技成果以及实施科技成果转化项目的相关科技创新支出。安徽省马鞍山市设立的创新券，面向本市注册的、年销售收入 3000 万元以下的高新技术企业，由企业填写申请表，经批准后发放，创新券仅限用于企业向高校、科研院所购买技术成果和为建设市级及以上研发机构添置研发设备。

（2）发展创新券模式

省级财政在利用创新券上采用了两种模式。一种模式是和省级以下地区财政相同，直接设立面向企业和服务机构的创新券。另外一种省级财政设立的创新券不是直接提供给企业，而是面向提供科技服务的科研机构、高等院校，被称为发展创新券模式。这种模式的代表是浙江省。浙江省本级财政不直接提供创新券给机构，而是和市县政府合作，由市县政府提供创新券给申请者，浙江省级财政对科技创新载体根据开放共享实效进行补助，对各市、县（市、区）创新券支出结合科技成果转化实绩作为绩效因素给予奖励。发展创新券模式针对企业实际发生的科技服务，更有实效性。

3. 吉林省创新券的发展状况

2017 年吉林省长春新区也推行了"创新券"制度，加快科技成果转移转化。全年设立 2000 万元专项资金，免费发放给企业，通过政府购买服务，企业使用服务的方式，解决企业在知识产权、高企认定、研发测试、上市培育中的大部分费用。"创新券"，针对企业发展的不同时期和不同需求，定为五类服务包：创业服务包用于购买科技型中小企业注册服务，每户最高不超过 2000 元；知识产权服务包用于购买专利授权、运营等服务，每户每年申请额度不超过 10 万元；研发服务包用于仪器设备使用、技术检测和分析测试等服务，补贴比例为合同金额的 50%，每户每年申请额度不超过 10 万元；高企认定服务包用于购买咨询策划、方案撰写、专项审计等服务，每户每年申请额度不超过 5 万元；上市融资服务包用于购买股份改制、券商保荐、财务审计、法律顾问等服务。另外还发放投融资咨询服务券，补贴比例为投融资咨询合同金额的 20%，每户每年申请额度不超过 10

万元。

四　政策性融资担保机构

政策性融资担保公司是指由政府出资、不以营利为目的、具有特定的服务对象、为实现政府政策性目标而设立的担保公司，包括中小企业融资担保公司、出口信用担保公司、中低收入家庭住房置业担保公司、下岗失业人员小额贷款担保公司、农业担保公司等。

1999 年 6 月 14 日，原国家经贸委下发《关于建立中小企业信用担保体系试点的指导意见》，即中小企业信用担保业的奠基性文件"540 号文件"。同年 6 月 18 日，长春市中小企业信用担保有限公司成立，这家由长春市政府出资、为缓解地区中小企业融资难题而创办的政策性融资担保公司，开启了吉林省担保业从无到有的历史。

根据吉林中小企业发展局的资料显示，60%以上的科技型中小企业信用等级是 3B 或 3B 以下。建立担保机构化解中小企业信用等级低的问题成为解决科技型中小企业融资难的重要环节。截至 2016 年年底，全省共有融资担保机构 205 家，总注册资本金 245.7 亿元，在保责任余额 862.83 亿元，平均担保费率 1.92%，同比下降 0.28 个百分点。累计为中小企业和"三农"担保贷款 4700 余亿元。已有 28 家融资性担保机构接入征信系统。截至 2016 年年底，全省共有政策性融资担保公司 26 家，担保费率相对较低，普遍在 1.5%以内。

第三章　吉林省科技型中小企业融资体系存在的问题

第一节　时间维融资主体需求迫切但渠道选择盲目

一　融资理念保守落后

吉林省部分企业管理者理念较为落后，对新生事物接受较慢，观念中的融资渠道仅包括银行贷款或者担保等民间融资模式，在企业自身尚未成形、缺少抵质押物的情况下，因为遭遇银行贷款被拒，担保融资高利息成本，而放弃融资。

对资本市场融资的印象停留在主板上市成本高、周期长、手续复杂的阶段，对四板市场及新三板市场不关注、不主动了解，在科技服务平台及证券公司找到企业，提供相应扶持挂牌服务时，心生疑虑，表现出抗拒性，甚至怀疑相应中介机构出于吃拿卡要的目的，错失了挂牌融资的机会。

还有一些企业对创新的融资方式持观望态度，存在机会主义思维，被动等待国家政府、省市政府出台各种文件及政策，等待相关文件正式出台，明确相应的融资难度、优惠力度等内容后，才会依据自身对融资方式成本收益的比较采取相应的融资行动。例如，2013年12月14日新三板全面扩容时，早在9月政府就开始准备相关工作，但此时大多企业在被动观望，不想冒风险，省内只有两家企业比较主动。结果导致在第一次全国性新三板上市扩容时，新挂牌266家中仅有 1 家吉林省的企业。

二　融资渠道选择盲目

近几年，吉林省科技型中小企业经营者思想逐渐开放，对融资模式的认知也向多元化发展，但是由于吉林省并没有对出台针对科技型中小企业生命周期的划分标准，企业经营者对自身企业的发展周期阶段定位比较模糊。因此虽然企业融资需求迫切，但是在对融资渠道的选择上并不理性，盲目地穿梭于各类融资模式之间，耗费了大量的时间、人力、物力成本，效果并不乐观，很多企业是在被多次拒绝后才最终找到合适本企业的资金提供方。

相较经济活跃地区，吉林省的金融机构数量本身较少，创新金融产品的推出滞后于其他地区，能够提供的资金规模有限。四板市场及新三板市场的容量也有限。因此在客观上形成了一种新的融资方式推出或者某种融资方式优惠政策推出之时，一拥而上，不同规模、不同行业、不同生命周期的企业同时寻求某一种金融产品的融资支持，这不仅增加了金融机构筛选优质企业的难度，浪费了人力、物力，同时也增加企业的融资成本，错失企业利用更为合理的融资方式的最佳时机，甚至使某些企业对整体生存环境、融资环境产生怀疑。科技型中小企业融资需求与金融产品供给之间的不匹配加剧了吉林省投资环境的恶化，2016 年整个东北地区的投资都进入严重的负增长，和其他地区相比，民间资本逃离趋势明显（见表 3.1）。

表 3.1　　　　2016 年 1—9 月整体投资和民间投资累计增速　　　　（%）

地区	整体投资	民间投资
东北地区	-28.9	-30.1
西部地区	13.1	2.5
中部地区	12.7	5.8
东部地区	9.9	7.1
全国	8.2	2.5

资料来源：根据互联网公开信息整理。

对融资模式选择的不理性，极大地限制了吉林省中小企业的发展速度。对比同样是起步较晚的河北省，2013 年后两省均实施了大力推进科技型中小企业成长的计划，但是河北省呈现出迅猛的后发之势。2017 年上半年河北省科技型中小企业新增 6748 家，总量从 2013 年的 8900 家发展到目前的 4.8 万家，翻了两番多，占全部中小企业的比重由 2013 年的 3% 提高到 11%。科技小巨人企业达到 2327 家，年均增长 80% 以上。重点领域形成了卫星导航、机器人、光电子等 17 个省级以上创新型产业集群，战略性新兴产业领域的科技型中小企业占比达到 24%，比 2013 年提高了 9 个百分点。2016 年科技型中小企业在全省 195 家新三板上市企业中占比达 80%。

第二节　方法维供给主体形式多样但发展缓慢

一　间接融资存在的问题

（一）贷款行为过于依赖政府引导

1. 从科技企业生命周期的融资行为来看

种子期和创业期企业融资普遍是个难题。无论从产品市场前景和现金流量，还是从抵押资产和信用担保等方面看，处在初创期和成长期前期的科技创新企业都处于明显劣势。2014 年中国人民银行长春中心支行对全辖 74 户中小微企业融资需求状况的调查结果显示，2014 年前 5 个月，有 37 家样本企业共向银行提出 66 笔贷款申请，申贷金额 6 亿元，最终贷款满足率为 84.8%，金额满足率为 85%。从企业规模看，中型企业的贷款满足率和金额满足率最高；从行业类型看，房地产业最低，贷款满足率为 63.6%，金额满足率仅为 22.5% 如表 3.2 所示。初创期、成长前期的企业获得银行贷款难度较大，这一阶段的资金来源主要是自有资金、民间借贷、天使投资等。

表3.2   样本企业贷款满足情况   （％）

项目	类型	贷款满足率	金额满足率
分规模	中	95.8	91.9
	小	80.0	66.5
	微	75.0	76.2
分行业	农	100	85.5
	采矿	88.9	99.0
	制造	92.0	99.4
	电力	100	93.3
	建筑	100	50.0
	交通运输	100	100
	批零	72.7	59.1
	房地产	63.6	22.5

资料来源：陈岩：《吉林省中小微企业融资需求调查报告》，《吉林金融研究》2014年第11期，第65—67页。

2. 从科技企业贷款业务流程方面看

由于长期受传统方式影响，面向科技企业的专业审批权限和服务方式与客户实际需要之间有不小的距离。虽然近几年来科技支行逐步建立，并迅速发展，但是吉林省因为科技支行设立较晚，目前更多地停留在概念层面，真正服务科技型中小企业的职能并没有得到发挥。

3. 从银行面向科技型中小企业贷款整体服务看

金融与相关科技企业相结合的复合型人才明显欠缺，面向科技型中小企业开发的有针对性的产品创新不足，市面上已有的创新产品使用效率偏低，有些产品真实放贷时甚至附带有隐性附加条件，来规避设计漏洞，增加了中小企业的融资成本。

4. 从银行贷款收益与风险匹配程度看

由于受到监管层面的制约，银行面向科技型中小企业发放的贷款利息相对较低，而贷款却面临较大的风险，科技型企业信贷具有明显的高风险低收益特征，银行向科技型中小企业放贷获得的有限的利息收入难以覆盖可能出现的风险损失，银行从事科技金融业务的风险和收益机制严重不匹配。在实际业务中，银行往往需要企业提供担保来降低风险，但是担保环节需要发生手续费，且手续费率的高低与企业规模呈反比关系，无疑增加了企业的融资成本和财务负担。吉林省中小微企业融资需求调查结果显示，在已发放的 56 笔企业贷款中，有手续费用支出的占 73.2%，涉及贷款额 24072 万元。其中，近 6 成贷款的手续费率为 5‰—10‰，平均手续费率为 7.5‰。手续费率最高达 48.6‰。从企业规模看，中、小、微型企业的费率依次为 4.8‰、12.5‰和 28.2‰，收费覆盖率分别为 78.3%、58.3%和 100%。

表 3.3　　　　　　不同区间手续费率样本企业贷款占比　　　　（%）

费率	0.8‰—5‰	5‰—10‰	10‰—20‰	20‰—30‰	30‰—40‰	40‰—50‰
占比	32.00	56.60	0.49	4.04	1.70	4.99

资料来源：陈岩：《吉林省中小微企业融资需求调查报告》，《吉林金融研究》2014 年第 11 期，第 65—67 页。

综上分析，由于商业银行的贷款缺乏主动性，因此吉林省各级政府及相关部门更多地采取行政干预的手段，借助各种科技园区、科技服务中心等与商业银行签署扶持科技型中小企业的战略合作协议，商定扶持规模。这种总量控制的方法，并没与针对科技型中小企业的实际经营特点，按照普通企业贷款的标准，企业获取贷款的难度依然很高，因此科技型中小企业被迫只能通过其他资金支持方式使企业走向相对正轨后，才能获得银行资金支持。政府针对获得签约银行或机构贷款支持的科技型中小企业实际发生的贷款利息和科技担保费用给予的补助，也只是贷款事实发生后的一种弥补，并不能在企业发展过程中，急需资金的阶段提供雪中送炭的扶持。

（二）贷款产品创新滞后思路狭窄

吉林省内商业银行目前引入或创新提供给科技型中小企业的贷款，虽然已经设计了多种方案为中小企业提供贷款便利，但多采用贷款抵押和贷款捆绑形式，前者是传统的贷款担保创新，从形式上看，也是创新产品比较集中的领域。吉林省开展的创新类抵质押贷款业务，大多从国内发达省市和地区效仿而来，产品推出时间相对滞后，不能及时满足科技型中小企业的融资需求，甚至很多创新企业因此而错失发展良机。从产品实际运营效果看，由于省内银行开展新型抵、质押贷款业务相对滞后，所以风险较大，部分银行依然要求企业在申请贷款时附加提供房产等传统抵押物，极大地降低了创新产品的支持效果。后者是将贷款和理财、保险、基金等产品捆绑销售，或要求企业将部分贷款直接化为存款，这种产品经营理念是一种破坏市场规律的金融行为，难以有效支持科技型中小企业的融资需求。

二　直接融资存在的问题

（一）吉交所门槛高、效率低

1. 挂牌门槛高，企业外流

由于国家对于区域性股权交易市场的发展缺乏顶层设计，目前，区域性股权交易市场大都是由地方政府批准设立，各地区域性股权交易市场各自为政，缺乏统一的挂牌条件、运营规则、交易方式。

跨市场挂牌发展的前期阶段，部分经济发达地区股权交易市场发展迅速，为企业搭建了良好的展示及融资平台。在允许企业跨市场挂牌阶段，企业会首选挂牌标准低的市场挂牌。根据 Wind 数据统计显示，截至 2016 年年底广东省前海股权交易中心、广州股权交易中心和广东金融高新区股权交易中心挂牌企业超过 1.8 万家，其中广东省内挂牌企业数量接近 1.4 万家，明显属于挂牌企业净流入的市场，跨市场挂牌企业至少超过 4000 家。天津股权交易所挂牌家数 840 家，天津滨海柜台交易市场挂牌 533 家，对比天津省内挂牌企业 765 家，也属于挂牌企业净流入的市场，跨市场挂牌企业接近 600 家。而其他省的区域股权市场基本属于净流入市场。根据 Wind 资讯同期数据比较显示，吉林省股权交易中心挂牌企业 371 家，吉林省挂牌企业 537 家，有近 170 家企业约占总挂牌企业的 1/3，选择了走出吉林省，跨市场挂牌。

究其原因，除了广东省和天津市区域股权交易市场起步较早，融资服务较全面，规章制度较成熟，经济相对发达，投资相对活跃这些客观因素，较低的挂牌门槛无疑是吸引企业的重要因素。前海股权交易中心提供"十无"开放融资平台，即无审批、无中介、无改变企业原有形态方式、无登记托管挂牌费用、无发行方式批次数量限制、无强制信息披露、无企业组织形态限制、无到交易所上市的阻拦影响、无止境提供培训。广东股权交易中心实施"无门槛，有台阶"挂牌企业准入政策。除完成改制的股份有限公司外，具备持续经营能力、完善治理结构的有限责任公司也可挂牌，真正实现了挂牌企业的"无门槛"。同时，广州股权交易中心要求未改制企业开展股权转让、增资扩股、股权质押融资等业务前，应严格按照法律法规及交易双方的约定做好有关前置手续的办理。为降低企业融资成本和交易成本，广州股权交易中心率先采用"先挂牌、后收费"的商业模式，对挂牌企业不收挂牌费用，挂牌企业在成功融资或股权转让之后，再根据交易金额收取一定的手续费。

吉林省股权交易中心设置了精选板、初创板和展示板分层，其中精选板的挂牌条件之一是实缴注册资本不低于 500 万元，这一规定在某种程度上提高了企业的挂牌门槛。自 2013 年 6 月开市以来，4 年的时间仅有 8 家企业在精选板挂牌，仅有 16 家企业在初创板挂牌，发展速度缓慢，服务效率低下。这与前海股权交易中心趋之若鹜的局面形成鲜明对比。

跨市场挂牌迅速发展的同时，由于各市场纷纷抢夺挂牌企业，不断降低挂牌门槛，不断开发简单便捷的融资服务，也积累了一定的风险。2017 年 2 月，国务院办公厅印发《关于规范发展区域性股权市场的通知》，规定"区域性股权市场不得为所在省级行政区域外的企业私募证券或股权的融资、转让提供服务。不符合规定的区域性股权市场，省级人民政府要按规定限期清理，妥善解决跨区域经营问题"。在区域股权市场跨区经营被叫停后，吉林省内企业再想挂牌，只能选择吉林省股权交易中心，而跨区挂牌企业的限期清理，也将使部分企业回流省内的"四板"市场。这对吉交所而言无疑是个政策利好。

2. 与新三板对接程度低

吉交所在精选板挂牌的企业中有 4 家已经摘牌，其中长春新钰经贸集团股份有限公司公告的摘牌原因是拟在全国中小企业股份转让系统挂牌，四平市通成铝塑型材股份有限公司公告拟进行企业重组。其他两家公司均为董事会或股东大会申请摘牌，这从一个侧面反映出吉林省股权交易中心的服务未能满足企业的实际融资需求，也反映了吉交所没有与新三板市场形成有效对接，在企业尚未登陆新三板市场之前就选择离开了吉交所的培育和扶持。

2015 年 11 月，证监会发布了《关于进一步推进全国中小企业股份转让系统发展的若干意见》（以下简称《意见》），推进具备条件的区域性股权市场运营机构开展新三板推荐业务试点工作。根据《意见》，控股股东为证券公司、具备相应业务能力和风险管理水平的区域性股权市场运营管理机构，可以开展新三板推荐业务试点，推荐挂牌公司的持续督导和做市服务等工作由控股股东承担。《意见》出台后，据不完全统计，全国共有 165 家企业从区域性股权交易市场转板到新三板，其中以中泰证券为大股东的齐鲁股权交易中心，成为国内企业转板到新三板最多的区域市场，共有 39 家企业转到新三板。在新三板推荐业务试点过程中，吉交所明显处于劣势，没有利用好这一契机推荐吉林省辖内企业转板升级。

《关于规范发展区域性股权市场的通知》出台后，证监会在积极研究探索新三板与区域性股权市场合作对接机制，吉交所应密切关注证监会政策导向，打通吉交所与新三板转板通道，实现多层次资本市场互联互通。

（二）新三板挂牌企业数量少增速慢

1. 挂牌总量少

截至 2017 年 11 月底，吉林省挂牌新三板的企业 88 家，在 Wind 资讯全国 31 个统计省份中排名第 22 位，挂牌数量占全国挂牌公司总数的 0.76%。其中长春高新区挂牌 12 家，在 Wind 资讯统计的全国

82个高新区中排名第23位。挂牌创新层的企业9家，占全国挂牌创新层公司总数的6.6%。

2. 分布不均衡

（1）地区分布不均衡

挂牌88家企业中，分布吉林省16个市，主要以长春市和吉林市为主，其中44家来自长春市，13家来自吉林市，两市占全省的比例60%，地区发展不均衡。

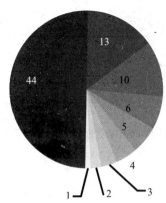

■长春 ■吉林 ■延边州 ■四平 ■通化 ■白山 ■白城 ■辽源 松原

图3.1 吉林省新三板挂牌企业地区分布

资料来源：Wind资讯。

（2）行业分布不均衡

按照证监会（2012年版）二级行业划分标准，吉林省挂牌企业行业分布与新三板市场总体行业分布情况大致相同，不同点主要体现在：①软件和信息技术服务业占比较低；②计算机、通信和其他电子设备制造业占比较低；③批发业占比较低；④农副食品加工业占比较高；⑤医药制造业占比较高；⑥土木工程建筑业占比较高。

农副食品加工占比较高，体现了其在吉林省的支柱优势产业地位，医药制造业体现了其在吉林省的战略新兴产业地位，符合省内行业产业布局现状。但是在创新创业的过程中，吉林省应进一步扶持培养先进的软件和信息技术服务业、计算机和其他电子设备制造业的企业（见图 3.2、图 3.3）。

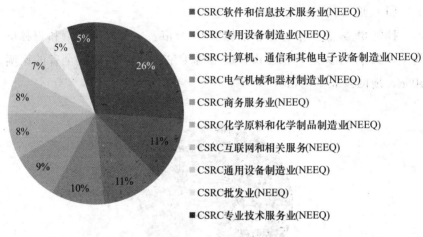

- CSRC软件和信息技术服务业(NEEQ)
- CSRC专用设备制造业(NEEQ)
- CSRC计算机、通信和其他电子设备制造业(NEEQ)
- CSRC电气机械和器材制造业(NEEQ)
- CSRC商务服务业(NEEQ)
- CSRC化学原料和化学制品制造业(NEEQ)
- CSRC互联网和相关服务(NEEQ)
- CSRC通用设备制造业(NEEQ)
- CSRC批发业(NEEQ)
- CSRC专业技术服务业(NEEQ)

图 3.2　新三板挂牌 TOP10 行业分布（证监会 2012 年版二级行业）
资料来源：Wind 资讯。

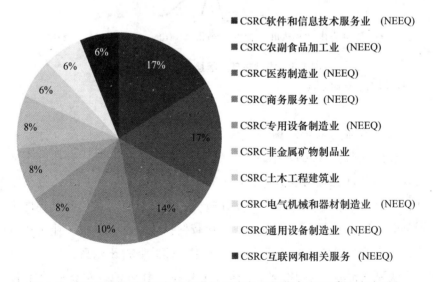

- CSRC软件和信息技术服务业　(NEEQ)
- CSRC农副食品加工业　(NEEQ)
- CSRC医药制造业　(NEEQ)
- CSRC商务服务业　(NEEQ)
- CSRC专用设备制造业　(NEEQ)
- CSRC非金属矿物制品业
- CSRC土木工程建筑业
- CSRC电气机械和器材制造业　(NEEQ)
- CSRC通用设备制造业　(NEEQ)
- CSRC互联网和相关服务　(NEEQ)

图 3.3　吉林省新三板挂牌 TOP10 行业分布（证监会 2012 版二级行业）
资料来源：Wind 资讯。

3. 增长速度慢

吉林省 2014 年全年有 7 家企业挂牌，2015 年在政策的推动作用下，全年挂牌 29 家，2016 年增速放缓，全年仅新增 37 家企业如图 3.4 所示。反映出吉林省后备企业力量不足，不能有效利用新三板融资平台。

图 3.4　吉林省新三板新增挂牌企业数量
资料来源：全国中小企业股份转让系统官网信息整理。

对比同期广东省，2016 年呈现出爆发式增长态势，截至 2016 年底，挂牌数量达 2014 年十余倍。与广东省类似的经济活跃地区如北京、上海、江苏、浙江挂牌企业增速均较快如图 3.5 所示。2015 年比照 2014 年新增挂牌家数基本为 2.5—5.0 倍，2016 年比照 2015 年

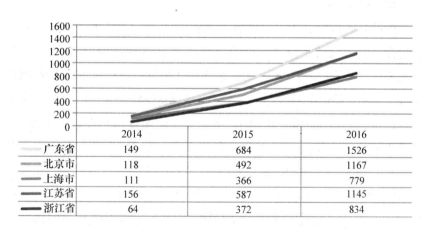

	2014	2015	2016
广东省	149	684	1526
北京市	118	492	1167
上海市	111	366	779
江苏省	156	587	1145
浙江省	64	372	834

图 3.5　国内经济活跃地区新增挂牌企业增长情况
资料来源：全国中小企业股份转让系统官网信息整理。

年新增挂牌家数基本为 2—2.3 倍。

　　而与吉林省相似的是，其他大多数省份尤其是经济落后省份，新增挂牌家数在逐渐放缓。2015 年比照 2014 年新增挂牌家数基本为 2.5—4.0 倍，2016 年比照 2015 年新增挂牌家数基本为 0.7—1.2 倍如图 3.6 所示。

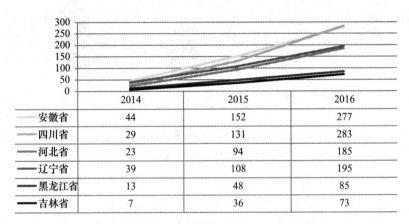

	2014	2015	2016
安徽省	44	152	277
四川省	29	131	283
河北省	23	94	185
辽宁省	39	108	195
黑龙江省	13	48	85
吉林省	7	36	73

图 3.6　国内欠发达地区新增挂牌企业增长情况

资料来源：全国中小企业股份转让系统官网信息整理。

　　4. 资产质量轻

　　按照最新成交日成交价统计（截至 2017 年 12 月 20 日），吉林省挂牌企业有成交的企业共计 36 家，占全部挂牌企业 88 家的 40%。36 家企业总股本 243639.28 万股，总市值 1262475.78 万元，2016 财政年度总营收 373613.12 万元，净利润总和 31357.02 万元。其中净利润同比增长正值 23 家，负值 13 家。与挂牌家数相近的云南省 92 家挂牌企业相比，云南省挂牌企业有成交的企业为 54 家，占比为总挂牌家数的 58.7%。按照最新成交日成交价统计 54 家企业总股本 459291.66 万股，总市值 3199838.09 万元，2016 财政年度总营收 1314492.09 万元，净利润总和 19219.37 万元。其中净利润同比增长正值 26 家，负值 28 家。两省相比来看，吉林省企业的规模相对较小，资产质量较轻，可持续盈利能力一般。

5. 成交不活跃

（1）从全国来看

①从转让方式及成交情况看

截至 2017 年 11 月底，新三板全部挂牌企业 11645 家中，采用协议转让方式为 10279 家，占总挂牌企业比例 88%，成交股票支数 397 支；采用做市转让方式的为 1366 家，占总挂牌企业比例 12%，成交股票支数 450 支如图 3.7 所示。

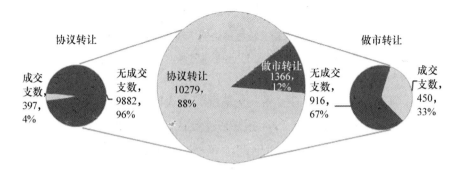

图 3.7 吉林省新三板挂牌企业不同转让方式成交情况

资料来源：全国中小企业股份转让系统官网信息整理。

②从分层转让方式及成交情况看

全部挂牌企业中基础层 10283 家企业，成交股票支数 498 支；创新层 1362 家企业中采用协议转让方式的为 864 家；采用做市转让方式的为 498 家，总计成交股票支数 349 支（见图 3.8）。

通过上述分析可以看出，采用做市转让方式比协议转让方式活跃，挂牌企业中创新层企业比基础层企业成交活跃。

（2）从吉林省来看

吉林省 88 家挂牌企业中，采取做市转让方式的有 7 家企业，占比 8.0%，低于市场平均水平；其余企业均为协议转让。88 家企业中共 36 家企业有成交（截至 2017 年 12 月 20 日），占比 41%。7 家采取做市转让方式的企业均有成交。88 家企业中创新层 9 家，其中 4 家采取做市转让方式，5 家采取协议转让方式。9 家企业中仅 1 家巨龙

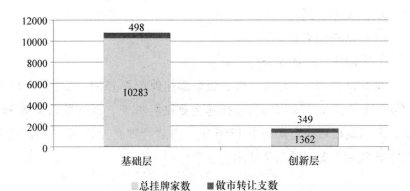

图 3.8   吉林省新三板挂牌企业不同层次成交情况

资料来源：全国中小企业股份转让系统官网信息整理。

股份没有成交。吉林省的实际成交情况，也表明采取做市转让方式比协议转让方式成交更活跃，创新层比基础层成交更活跃。

与吉林省形成鲜明对比的是，广东省 1874 家挂牌企业，其中有成交的企业为 945 家，占比达到 50%；北京市 1383 家挂牌企业，其中有成交的企业为 771 家，占比达到 55.75%；上海市 936 家挂牌企业，其中有成交的企业为 518 家，占比达到 55.34%；辽宁省 234 家挂牌企业，其中有成交的企业为 127 家，占比 54.27%；黑龙江省 97 家挂牌企业，其中有成交企业为 50 家，占比 51.55%。可见，吉林省成交比例不仅低于经济活跃地区，也远远低于东北相邻两省。

在转让方式上，广东省采取做市转让企业 204 家，占比 10.89%；北京市采取做市转让企业 143 家，占比 10%；上海市采取做市转让企业 130 家，占比 13.89%；辽宁省采取做市转让企业 30 家，占比 12.8%；黑龙江采取做市转让企业 9 家，占比 9%。吉林省做市转让方式比例不仅低于经济活跃地区，也远远低于东北相邻两省。

（三）风投机构投资力度弱

1. 风投机构数量少

（1）从全国来看

从整体看，中国创业投资的机构分布具有较为明显的区域特征，包括江苏、浙江、北京、上海、广东在内的经济发达地区一直是创业投资机构最为集聚的地区，到 2015 年这些地区的风险投资机构数量达到 1130 家，占全国总量的 63.7%。

从历年统计看，风险投资的集聚效应非常明显。以江苏、浙江为首的风险投资在全国的占比从 2002 年的 18.2% 持续增加到 2015 年的 46.7%。此外，山东、重庆、安徽、湖南、湖北等中西部地区的风险投资业在近年来呈现出比较明显的增长态势。

从资金体量来看，2015 年，北京、江苏、广东、浙江、安徽的管理资本总量排在了全国前五名，合计占比 82.3%。其中，江苏、浙江地区的风险投资机构体量较小，约 70% 的公司资金规模为 5000 万—5 亿元，而北京、广东地区的风险投资机构资金规模较大，40% 的机构资金规模在 5 亿元以上。

（2）从吉林省来看

吉林省的创业风险投资行业与国内发达地区相比存在巨大的差距，在各项指标上都相差了几十倍，没有发挥出风险投资对高新技术行业的杠杆撬动作用。

2. 投资资金力度弱

吉林省本土风险投资机构自身规模较小，且大多具有国资背景，因此他们无法对科技型中小企业，特别是一些初创期、种子期的项目和企业进行大规模的投资，整体投资都比较谨慎，倾向于投资成长期甚至成熟期的企业。省内科技型中小企业能够获得风险投资的支持比例只占到 4% 左右，与国内发达地区支持比例达到 20% 左右相比，存在巨大的差距。在 Wind 资讯统计的吉林省全部 227 起投资案例中，吉林省科技投资基金有限公司投资案例 12 起，吉林省创新企业投资有限公司投资 9 起，长春科技风险投资有限公司投资 7 起，吉林鼎元创业投资有限公司投资 4 起，长春新兴企业股权投资基金有限公司投资 3 起。本土风投企业投资数量与投资金额占比均不高，大多数投资企业来自深圳、上海和北京。

吉林省本土风险投资机构的投资强度也都不是很大，一般控制在被投资企业总股本的 20% 以下，以达到利用有限的资金支持更多科技型中小企业的目标。以吉林省成立最早的长春科技风险投资有限公司为例，其投资金额在 200 万元以下的投资企业占其总投资企业数的 72%，在企业占股比例低于 20% 的投资企业占总投资企业数达到了 92%，这反映了吉林省创业风险投资机构受自身资金情况限制，对科技型中小企业的支持力度较低，金额偏小，同时企业无法从风险投资获得足够的资金，在其发展过程中依然会遭遇资金瓶颈。风险投资机构占股比例偏低，也会影响风险投资对企业的深入认识，因此省内风投大多止步于 B 轮，D 轮以后的投资几乎没有，风险投资无法发挥更大的作用。

3. 退出渠道不畅通

风险投资的退出形式近几年发生了重大变化。在新三板扩容之前，风险投资的退出方式主要是 IPO 和企业并购。由于我国主板、中小企业板和创业板市场容量有限，企业 IPO 成本高，速度慢，所以风险投资发展比较缓慢。但是新三板扩容后，新三板挂牌成为风险投资退出的重要方式。顺利挂牌新三板成为吸引风险投资资金的一个重要因素。扩容前后风险投资退出方式占比如图 3.9 和图 3.10 所示。

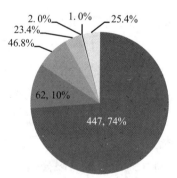

图 3.9　2011 年 VC/PE 退出案例数：606 起

资料来源：清科研究中心。

吉林省四板培育机制相对滞后，后备企业力量的薄弱，限制了企业挂牌新三板的速度，从而也降低了对风险投资机构的吸引力，抑制了阜外资金的进入规模及本土机构的成长速度。

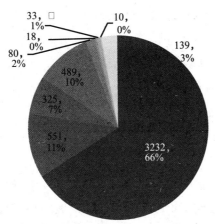

图3.10　2016年VC/PE退出案例数：4877起

资料来源：清科研究中心。

4. 依赖政府程度高

近年来，中央和各地方政府都出台了相关政策支持创业风险投资，税收优惠及间接服务支持比例大幅上升，政府直接资金支持比例普遍下降。吉林省创业风险投资企业获得政府直接资金支持的比例超过30%，在全国位居前列，这也从另一侧面反映出吉林省创业风险投资对政府的依赖性。

（四）民间借贷起步晚转型慢

1. 小贷机构转型缓慢

吉林省小贷公司数量在全国位居前列，但是基本属于传统小贷公司。传统小贷多依靠于属地发展，随着大量商业场景的互联网化、交易的渠道化和电商化，传统小贷公司在公司客户挖掘、数据分析和信息采集方面的劣势逐渐显现。统计数据显示，2017年全国小贷机构数量在减少，贷款余额却逐渐增长。这与小贷公司加大对互联网技术的应用有一定关系。从目前看，小贷公司在发展过程中的转型已成为必然。传统的风险维度已难以覆盖当前信息碎片化、充分化的特点，原有单一、传统的放贷经营模式在当前的互联网时代已走到了尽头，凭借互联网技术和大数据等多重优势，降低获客成本、增加新的利润空间、预判金融风险，充分利用数据技术实现业务创新已成为小贷公司进行业务转型的途径。另外，随着近几年银行的业务下沉和消费金融的崛起，小贷行业传统的市场空间越来越小，客户竞争越来越激烈，小贷业务服务对象转型也形成了严峻挑战。目前5万—30万元的小微贷款形成了等待传统小贷公司应用互联网技术去开拓的蓝海。

在此背景下，多省市的小贷公司均转型科技小贷公司。2017年7月，上海市甚至专门成立了服务双创企业发展的小贷公司，上海静安众创空间小额贷款股份有限公司通过强化对静安区内众创空间运营主体的服务，鼓励和支持空间向创新创业企业及团队提供一揽子服务，开展面向众创空间内科技型中小企业的房产抵押、过桥垫资、担保、信用贷款、供应链融资、股权质押、预收租金质押、知识产权及商标专利质押等业务。

2. 担保行业发展滞后

（1）担保行业起步晚，担保实力弱

吉林省担保行业起步晚，发展慢，资本金不足，担保实力弱，风险控制机制也不够完善，还远远无法满足中小企业的实际融资需要。截至2016年年底，全省共有融资担保机构189家，总注册资本金245.7亿元，在保责任余额862.83亿元，平均担保费率1.92%，同比下降0.28个百分点。广东省融资担保机构362家，注册资本547亿元。各类担保机构的在保余额为1545亿元，其中服务对象为中小微型企业的在保余额为436亿元，占比44.3%如表3.6所示。

表3.6　　　　　　　　吉林省与广东省融资担保机构对比

省份	融资性担保机构	注册资本	在保余额	中小微企业在保余额
吉林省	189 家	245.7 亿元	862.83 亿元	—
广东省	362 家	547 亿元	1545 亿元	436 亿元

资料来源：根据互联网公开信息整理。

通过两省的对比情况看，吉林省融资担保机构数量少，担保规模小，信用杠杆作用发挥不充分。

（2）商业性担保机构管理不规范、经营不善

由于担保机构的收入主要来源于受担保企业缴纳的保费以及由政府提供的金额相对较少的担保风险补助，大多数担保机构受自身规模及实力的限制以及担保杠杆作用有限的制约，担保业务量较少，担保业务收入较少。

（3）商业性担保机构担保期限短、品种单一

目前，吉林省融资担保业提供的贷款担保期限大部分不超过一年，担保基本上只针对流动资金贷款提供担保，涉及技术改造或者科技开发之类的贷款所提供的担保非常少。然而科技型中小企业创业创新、科技研发、设备采购、技术改造等活动需要的资金周期通常在两年以上，商业性担保机构融资产品的短缺使得实际业务开展中，存在大量"短贷长用"现象。

（4）担保行业的担保费率较低、担保业务利润较低

由于担保行业的担保费率较低，担保业务利润较低，导致担保收入和利润无法满足担保机构日常经营需要，严重影响了担保公司的正常运行和发展。盈利能力不足还促使某些科技担保机构将经营重点转向担保业务之外的投资及委托贷款等非主营业务，甚至进行非法集资、非法放贷等活动。其中县域担保公司担保主业尤其不突出。商业性担保机构信用低下甚至关停倒闭，严重损害了吉林省担保行业的信用水平，使银行很多时候不认可这些商业性担保机构，商业性担保机构丧失了其融资服务功能。

（5）更多寻求政策性担保机构的支持

由于商业性担保机构经营的不规范，科技型中小企业更多寻求政策性担保机构的支持。吉林省政策性担保机构主要资金来源是政府的财政拨款或资产划入，这些资金来源大都是一次性的，后续的资金跟进不持续，风险补偿机制不健全，导致政策性担保机构职能弱化，甚至有些政策性担保公司变相增加中小企业担保融资成本，使政策性担保支持成为空谈。

3. 网络融资方式短缺

在创新潮流的驱动下，在互联网技术日益成熟的背景下，网络股权众筹和债权众筹成为科技型中小企业比较受欢迎的一种融资模式。该种投资方式适用于没有投资经验的投资人，可以吸引更广泛的投资人群体加入融资资金供给方，使投资人更方便地了解投资项目并简便地进行投资。但是在网络众筹方式兴起之初，存在多种运营风险。

首先，网络融资通过众筹平台发布融资需求，作为媒介吸收资金提供给资金需求方。资金供需双方知道众筹平台的存在，是其发展过程中的第一关。吉林省众筹平台的宣传模式主要是线上宣传和线下发放宣传单的形式。线上宣传需要当地融资企业与投资群体首先关注网络，关注科技金融信息，才能更好地发挥效果。就吉林省当地供需双方对互联网科技平台的接受意识，以及对科技金融信息的关注程度看，其宣传效果并不佳。更多的平台采取相对直接的烧钱模式通过利益诱惑、小额回报等形式，提高关注度，此方法效果明显，但是在众多平台的营销大战中，仅有少部分平台能够度过初创艰难期，投资者在寻找项目时很难在诸多众筹网站中分辨自己认为合适的有潜质的好项目，更多的是在自己熟悉或大多数人使用的某几个平台上寻找项目，形成"羊群效应"。同时，由于众筹平台人力、物力、财力资源有限，其发布的企业融资信息比较简单，对融资企业项目的宣传和包装不到位，这也增加了投资者选择优质项目的难度。很多投资者感觉无从下手，只能选择放弃投资。

其次，由于网络平台兴起时间短，对此类平台的监管处于法律盲区，平台的角色定位与责任承担等相关规定不规范、不明确，众筹资金的使用缺乏监管，很多众筹平台担保协议中缺乏有关防止融资者欺诈或违约行为追责的相关约定，事实上存在一些众筹平台因经营不善而私自挪用交易资金的现象，侵害投融资双方的利益。

再次，由于缺乏信用支撑，越来越多的投资者对网络平台的融资项目采取了谨慎态度。同时由于大多数众筹平台采用的是"All or Nothing"原则，即在规定时间内若达不到资金筹集数额目标，意味着该项企业融资项目流标失败。在信息不对称、缺乏公众信任的前提下，众筹的融资成功率呈现逐渐降低趋势。急需资金支持的科技型中小企业只能被迫选择提高融资成本来吸引投资者，而科技型中小企业项目本身盈利的不确定性，使其难以承受较高的融资成本，最终可能项目失败。这无疑增加了投资人的投资风险，也会通过个别项目失败的传导效应，降低平台项目整体融资成功率。

最后，即便融资成功的项目，由于众筹平台忽视与投资者的互动或者没有投入精力与投资者互动，企业通过融资而快速成长，投资者通过投资获得安全、高收益回报的实际情况，没有通过与投资者的互动交流，得到广泛的宣传，没有实现投资者"蝴蝶效应"的最大化。

相比质量参差不齐的民间网络众筹平台，由吉林省政府牵头成立的"互联网＋科技金融"服务平台，公信力相对较高，平台对融资企业进行严格筛选，其发布的项目均能在短时间内满标，截至2017年11月底，未发生违约行为。但其存在的问题是宣传力度不够，未能通过该平台形成示范效应，为更多的企业提供服务。

综上所述，吉林省科技型中小企业融资过程中，在时间维、方法维领域内均有所发展，但时间维融资主体缺乏明确的融资渠道选择思路和方式方法；方法维供给主体形式上虽然基本齐备，但传统供给方式故步自封，发展迟缓，转型困难；新型供给方式普遍形成时间较晚，发展时间有限，规范性差，实际扶持效果不佳力度较弱。本书按照时间维和方法维融资供求契合度从低到高，将其划分为一星（※）、二星（※※）、三星（※※※）三个标准。一星表示融资需求迫切，但供给短缺严重，契合度低；二星表示供给基本能够满足融资需求，契合度一般；三星表示供给良好，能够对融资需求形成较好支持，契合度高。分析结果如表3.7所示（空缺表示供给基本处于空白状态）。基本可以得出结论，除了对成熟期企业的银行信贷支持契合度较高外，由于信息不对称导致逆向选择和道德风险，在大多数交叉维度内二者之间的契合度较差，不能高效地发挥现有资源、资金的扶持作用。

表3.7　　　　　　　时间维与方法维融资供求契合度分析

	天使投资	VC/PE	银行信贷	挂牌融资	上市融资	民间融资
种子期	※	※	※	—	—	—
初创期	※	※	※	※	※	※
成长期	—	※※	※※	※	※※	※※
成熟期	—	※※	※※※	※※	※※	※※

第三节　政策维调控主体积极主动但有失效率

一　基地培育机制不科学

吉林省科技型中小企业培育基地多是以政府为投资主体兴建的，多属于公益性的科技事业服务单位，带有明显的行政色彩，管理人员多数由政府指派。在培育事业发展的初期，这类基地起到了一定的引导、示范和推动作用，但从长远来看，由于实行事业单位的运作机制，在管理体制上存在一定的局限性，管理人员的权责难以落实到位。在事业单位的机制内，政府委派的管理人员，虽然整体学历不低，但大都缺乏企业工作经历和企业管理经验，不具备研发新技术和管理企业内部复杂事务的能力，对于服务市场、适应市场需求缺少足够的认识。

科技企业培育基地实行事业单位的管理模式，难以建立起培育现代科技企业的规范的市场运行机制，这使科技创业培育过程中的独立性、灵活性和决策能力难以得到保证。

二　政府引导基金效率低

首先，政府引导基金数量较少，基金规模较小。由于吉林省市场经济环境一直较为低迷，因此政府引导基金对社会机构参与设立子基金的吸引力较弱，政府引导基金总体数量较低，基金规模较小。2015年后，基金数量增速才有所提升，规模有所增加。据投中集团2015年全国产业基金研究报告有关数据显示，东北三省政府引导基金累计成立23只，其中2015年新增9只；政府引导基金规模累计323.9亿元，2015年新增237.4亿元，占总额高达73.3%（见表3.8和图3.11）。

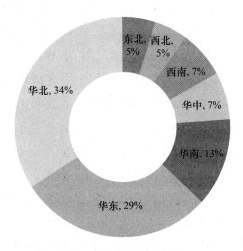

图3.11　全国政府引导基金地域分布结构（截至2015年年底）

资料来源：CVSource。

表3.8　　全国政府引导基金地域分布情况（截至2015年年底）

地区	引导基金数量	披露基金规模（亿元）	2015年新增引导基金数量	2015年新增基金规模（亿元）
华东	131	911.5	32	318.5

续表

地区	引导基金数量	披露基金规模（亿元）	2015 年新增引导基金数量	2015 年新增基金规模（亿元）
华北	156	6425.4	111	4541
西南	33	478.7	16	223
华南	58	943.4	27	700.3
华中	34	2386.9	23	2257.9
东北	23	323.9	9	237.4
西北	22	1337.1	9	1241

资料来源：CVSource。

其次，资金使用状况普遍不佳。2015 年之前成立的政府引导基金，在很多省市变成了商业银行的定期存款，资金使用状况普遍不佳。2015 年 6 月国家审计署公布的数据显示，截至 2014 年年底，14 个省份 2009 年以来筹集的创业投资基金中有 397.56 亿元（占 84%）结存未用，其中 4 个省份从未支用。2015 年这种政府引导基金"沉睡"情况仍未好转。2016 年 6 月国家审计署公布的数据显示，政府投资基金支持创新创业的作用尚未得到有效发挥。截至 2015 年年底，中央财政出资设立的 13 项政府投资基金募集资金中，有 1082.51 亿元（占 30%）结存未用。抽查创业投资引导基金发现，通过审批的 206 个子基金中，有 39 个因未吸引到社会资本无法按期设立，财政资金 13.67 亿元滞留在托管账户；已设立的 167 个子基金募集资金中有 148.88 亿元（占 41%）结存未用，其中 14 个从未发生过投资。

吉林省政府引导基金资金使用情况与全国大部分省市相同，也有大半趴在账上，并未实际投放出去，其主要原因同样也是不能吸引到社会资本的合作。

最后，因监管缺失存在道德风险。政府引导基金在建立和使用过程中，有些官员为了自保，避免不必要的损失，在投资项目选择上比较谨慎。对于风险较大的项目，直接选择了放弃，这从某种程度上也限制了资金的有效利用。为了改变这种局面吉林省正积极尝试将政府引导基金委托给专业管理公司经营，政府成立监管机构将资金委托给银行进行托管，构成"政府监管机构 + 专业管理公司 + 托管银行"的监管流程。

三　补贴补助形式不规范

首先，财政资助项目少，补助范围窄，力度弱。2016 年之前，由于吉林省财政相对较困难，受财政资金限制，财政资助项目少，补助范围窄，力度弱，不能满足企业发展尤其是种子期和创业期企业的资金需求。2016 年后，吉林省尤其是长春市出台了一系列政策，主要涵盖贷款贴息、无偿补助、风险补偿、投资保障四个方面的补贴及补助项目。但是由于缺少历史政策的延续性，很多补助项目的补助金额只能参考其他省市标准设定，缺乏在对本土企业供需调研基础上的科学的制订依据。

其次，补助形式的多样化，增加了受助企业的识别难度。补助形式多样，使得很多补助在实际发放过程中增加了企业的识别难度，存在介于此类标准及彼类标准之间的尴尬境地，政府相关部门在发放过程中的识别标准只能依据实际资金额度使用情况适时调整，时而宽松时而严苛，不能规范发放。

再次，流程上的繁琐，增加了企业的融资机会成本。一系列登记、审核、公示流程中，可能需要企业多次与多部门反复沟通，降低了企业获得资金支持的满意度感受。

最后，无偿补助的后补助发放性质，难以满足企业发展过程中的迫切融资需求。无偿补助的无偿性固然可以使企业获得真金白银的资金支持，但是由于评价标准的不统一，财政资金的有限性，这种形式的补助难免有失公允，同时也不具备持续性，据悉吉林省 2017 年执行的政策中多项发放标准将于 2018 年进行调整。后补助的性质固然可以降低补助资金发放的道德风险，使真正投资了项目并取得了一定绩效成果的企业获得资金支持，某种程度上规避了企业骗取政府资金的风险。但对于种子期、创业期的科技型中小企业抑或是建设中的孵化器、众创空间而言，项目建设过程中的资金短缺，才是其亟待解决的关键问题。企业迫切的融资需求与政府后补助性质锦上添花的发放时间，难以形成有效对接，从而使很多种子期、孵化期、创业期的企业错失了发展良机。

四　相关政策落实不到位

为培育科技型中小企业，近几年吉林省政府相继出台了一系列的扶持政策及措施，但这些政策及措施的实施效果不是很理想。

首先，可操作性不强。已经出台的政策偏重宏观方向引导，微观可落实内容少，实际可操作性不强。

其次，信息不对称。由于信息不对称，宣传主要依靠传统的派发传单形式，成本高、效率低，很多企业对相关政策不知情或知情较晚。

再次，后续培训辅导不到位。由于缺乏有效的后续辅导，企业对政策实施流程感觉困惑，真正享受到政策扶持的不多。

最后，政策普惠性差。由于一些政策是对现有利益格局的重新调整，难免遭遇一些相关部门的消极怠工甚至抗拒，政策的落实受到一定程度的抵制，很多优惠政策难以惠及急需资金支持的企业。

第四章　科技型中小企业融资
体系的经验借鉴

本章在三维结构模型的框架下分别将国内外先进的科技型中小企业融资体系的状况按照三个维度进行了总结，并总结其取得的经验成果。

第一节　发达国家科技型中小企业
融资体系经验借鉴

西方国家在经济转型的背景下，均对科技型企业的发展高度重视，结合自身金融市场的水平，先后形成了促进创业投资发展的资本主导模式、银行主导模式以及政府主导模式（见表4.1）。

表4.1　　　　　　　　创业投资发展的三种典型融资模式

	资本主导	银行主导		政府主导
代表国家	美国	日本	德国	以色列
诞生时间	1946 年	1951 年	1965 年	1993 年
发展动力	养老金 + 保险金	银行、保险公司		政府主导 + 外资
投资阶段和对象	早期高科技企业	后期阶段传统企业		早期高科技企业
资本市场	发达	一般		差

资料来源：房汉廷：《科技金融的兴起与发展》，经济管理出版社2010年版。

以政府为主导的融资模式可以高效集中资金投资于科技型企业，

有效弥补市场配置不足。但是政府从宏观层面干预资金的配置，与企业微观层面的需求存在信息不对称，降低了金融机构的自主权和活跃度，可能会降低资金的正常流动，从而导致配置效率低下。此模式不适用于我国目前的融资现状，因此本章只介绍以美国为典型代表的资本主导模式和以日德为代表的银行主导模式。

一 美国科技型中小企业融资经验

（一）时间维

针对科技型中小企业发展不同阶段的融资需求，美国政府及金融机构区别对待，给予不同层次、不同类型的融资支持。

1. 硅谷银行的生命周期阶段融资支持

硅谷银行（Silicon Valley Bank）成立于 1982 年，2005 年发展成为一家包括硅谷银行、硅谷银行资本、硅谷银行咨询和硅谷银行私人银行在内的金融控股集团，即硅谷银行金融集团（SVB Financial Group, SVBFG）。硅谷银行是全球为科技型中小企业提供金融服务的商业银行中最为成功的金融机构之一，目前已经成为科技银行发展的典范。该银行根据企业所处生命周期的不同阶段开发了差异化的产品和服务，在早期就与企业建立关系并提供服务，持续满足客户在生命周期不同阶段的需求，从而建立稳固的客户管理，扶持中小企业成长。

首先，对于初创期或处于"早期阶段"的科技型中小企业，硅谷银行提供加速器服务（SVB Accelerator）。SVB 加速器客户的年收入一般不超过 500 万美元，主要为目标客户提供综合性银行服务、创业指导和投资者推荐等。对企业融资、寻找合作伙伴等需求提供专家咨询和指导；对企业现金管理和投资管理等提供风险投资解决方案；对客户股票估值和市值管理、股票和期权管理等提供咨询服务。

其次，对成长期企业或处于"中、后期"的科技型中小企业，硅谷银行提供 SVB 成长服务（SVB Growth）。SVB 成长期客户的年收入一般为 500 万—1 亿美元。SVB 成长提供的产品和服务包括流动资金贷款、融资解决方案、资金管理解决方案和国际化发展咨询等一揽子增长金融服务。

最后，对已经进入成熟阶段甚至可能进行全球化扩张的企业，硅谷银行提供 SVB 企业金融服务（SVB Corporate Finance）。SVB 企业金融客户的年收入一般大于 1 亿美元，涵盖全球现金和财务管理以及并购咨询等。

2. SBIR 计划的生命周期阶段融资支持

为促进发挥中小企业在创新效率和周期方面的优势，降低中小企业创新成本、化解创新风险，1982 年美国联邦政府开始实施由政府主导资助中小企业创新的小企业创新研究计划（Small Business Innovation Research Program，SBIR）。通过资助中小企业创新，联邦政府以较低的经费从事更好的科技研究，中小企业可以利用项目资金开发出新技术、新产品和新服务。

按照小企业成长路线的不同阶段，SBIR 分三个阶段向中标企业提供资助。第一阶段主要帮助种子期和初创期的企业进行基础研究，确立技术构想和商业预期。本阶段的资助金额最高可达 10 万美元，为时半年。被资助企业圆满完成第一期工作，并通过验收的项目后，具备参与竞争第二期项目的资格。第二阶段主要帮助成长期的企业开展更广泛的 R&D 活动，研究这些 R&D 成果的科技价值和产业化可行性，并应用于产品定型。本阶段周期通常为两年，资助力度可达 75 万美元。第三阶段是成熟期的企业进入产品推广和商业化阶段，企业一般可以通过资本市场融资或商业银行贷款获得资金支持，因此 SBIR 计划一般不再对这一阶段的企业进行资助。从 SBIR 计划的安排，可以清晰地看出，美国政府对中小企业的资助严格依照企业研发生产经营活动的线性模式，对于处在研究开发和成果转化阶段的中小企业资助力度相当大，而对于规模生产阶段的企业基本上不再提供实质上的资金支持。这种模式充分发挥了政府资金的引导和杠杆作用，提高了财政资金的效率和效益。

（二）方法维

1. 科技银行投贷结合融资支持

科技型中小企业技术成果转化过程中存在风险与收益并存的特

征，传统的商业银行贷款面临商业化转型成功的利润诱惑，但是又很难规避转化失败的风险，因此传统银行碍于监管的要求，对科技型中小企业放贷非常谨慎。硅谷银行针对该类企业的融资特征，采取了投贷结合模式，即选取主要目标客户为受风险投资支持并且没有上市的高科技公司。将对企业风险的评估以及目标客户的选择转移给创投机构来完成，将获得创投机构投资的企业列为目标客户。这些企业受到创投机构在技术、管理等方面的支持，一定程度上降低了信贷违约风险。同时，硅谷银行在贷款过程中与企业签订第一顺位还款顺序协议，对创投机构和企业的现金流进行实时监控，若企业还款发生困难，银行就通过与创投基金联合搭建的平台将企业抵质押给银行的部分资产出售，优先偿还银行贷款，从而控制风险降低损失。

硅谷银行针对科技型中小企业缺少抵押物的特征，创设了适合科技型中小企业特点的知识产权质押贷款模式，当企业不能按期还款时，硅谷银行可以通过将企业质押的知识产权出售来弥补损失。

2. 风险投资机构的融资支持

由于科技型中小企业具有高风险，高收益，不确定性等特点，导致传统的金融机构均不愿涉及，因此追求高收益并能承担高风险的风险投资机构就成为其融资的主渠道。据统计，美国在过去30多年中，风险投资共为科技型中小企业投资3000亿美元，2000年是风险投资的高峰期，其中一年就有1020亿美元投资，2010年第三季度，全美风险投资每天投资5300万美元，平均每天投资6.8个项目，风险投资行业的繁荣发展是美国科技产业发展的基础。自2013年以来美国各地区的投资额都出现了大幅增长。传统上风投集中的地区增幅最大，阿拉斯加州、加州、夏威夷州、俄勒冈州和华盛顿州，自2013年以来的年风投总额增长了近96%。美国创业风险投资（VC）总体情况和美国创业投资风险基金管理资本总额情况分别如表4.2和图4.1所示。根据PitchBook和美国风投协会（NVCA）的数据，2017年美国风投总额创下了自2000年网络科技泡沫破灭以来的最高水平，8074笔交易共吸引了840亿美元资金。

表4.2　　　　　　　　　美国创业风险投资（VC）总体情况统计

指标	1995 年	2005 年	2015 年
现存 VC 机构数量（家）	425	1009	798
现存 VC 基金数量（家）	688	1764	1224
VC 当年募集的资本额（10 亿美元）	9.4	30.1	28.2
VC 管理资本金额（10 亿美元）	38.9	278.2	165.3

资料来源：中国创业风险投资发展报告 2016。

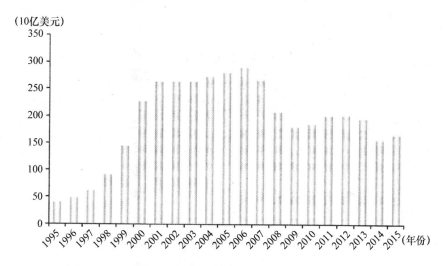

图4.1　美国创业投资风险基金管理资本总额（1995—2015 年）
资料来源：中国创业风险投资发展报告 2016。

　　从美国创业风险投资的行业投资状况看，2015 年软件行业仍是主导行业，投资金额占 40%；生命科学（包括生物技术与医疗器械和设备）位居第二，占投资总额的 18%；消费产品和服务行业与媒体和娱乐行业占投资额的 8%，位居第三。信息技术类获得投资综合占比超过 70% 如表 4.3 所示。

表4.3   按行业分类统计的美国风险投资状况（2015年）

行业分类	全部投资			首轮投资		
	企业数（家）	交易数（起）	投资数量（10亿美元）	企业数（家）	交易数（起）	投资数量（10亿美元）
信息技术	2620	3038	42.1	1035	1035	5.6
医学/健康学/生命科学	664	830	10.9	200	200	2.3
非科技类	425	512	6.1	209	209	1.2
总计	3709	4380	59.1	1444	1444	9.2

资料来源：中国创业风险投资发展报告2016。

从投资阶段看，处于扩张阶段的企业仍然获得风投资金支持最多，占比37%，甚至其中有3笔10亿美元的投资。但是这一占比在逐年降低，原因是投资者将该部分资金分散投入了早期和后期阶段。从投资项目数量看，风投的投资阶段明显前移，早期阶段成为获得风投资金支持数量最多的阶段，2015年51%的投资项目为种子期与早期项目如图4.2所示。

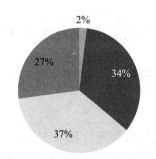

2%
27%
34%
37%

■种子期 ■早期 ▪扩张期 ■后期

图4.2 2015年美国创业投资基金投资阶段（按资金占比）
资料来源：中国创业风险投资发展报告2016。

3. 多层次资本市场的融资支持

为支持中小企业上市融资，同时给创业资本的退出创造完善的市场环境，美国于 1971 年创立了全美证券交易商协会自动报价系统（National Association of Securities Dealers Automated Quotations），即纳斯达克市场，美国最具成长性的公司中有 90% 以上在纳斯达克上市。由于上市公司规模不断扩大，纳斯达克市场现在分为全球精选市场、全球市场和资本市场三个层次，其中纳斯达克资本市场即是原来的小型股市场，对企业财务指标的要求相对宽松。按照上市要求由低到高，美国形成了第四级 Pink 粉单市场；第三级 OTCBB 市场；第二级纽交所旗下的美交所（AMEX）和纳斯达克资本市场（NASDAQ CM）；第一级纽交所、纳斯达克全球精选（NASDAQ GS）和全球市场（NASDAQ GM）构成的多层次资本市场，为科技型中小企业的成长提供了升板的通道。

（三）政策维

1. 法律保障

美国实行较严格的市场调节政策，美国直接融资市场发达，具有非常完善、发达的创业板和三板市场，这决定了美国的中小企业法律支持是以市场为导向，政府支持只是对于市场的补充。美国从 20 世纪 50 年代开始相继颁布了《史蒂文森—韦德勒技术创新法》《美国国家科学技术、组织和重点法》等，1963 年出台了《机会均等法》、1975 年出台了《公平信贷机会法》、1982 年出台了《准时付款法》等一系列法律法规，为推行科技金融模式提供法律保障，着力于为中小企业构建和维持公平参与市场竞争的外部环境。

2. 政策性金融机构

美国于 1953 年成立了中小企业管理局（SBA），主要目的是在银行和中小企业间建立良好的信贷关系、为科技型中小企业提供贷款担保、与商业银行联合办理贷款等。美国中小企业 10 万美元的贷款中 80% 是由美国中小企业管理局提供的担保。

美国政府通过美国中小企业管理局提供资金给分布在全国的贷款中介组织，地方性的中介组织能够较为清楚地了解贷款企业的情况，这些中介金融组织依靠自身信息优势，再择优向有融资需求的企业提供单笔数额不超过 3.5 美元的小额分散的贷款。

二 日本科技型中小企业融资经验

（一）时间维

日本是典型的社团市场经济国家，企业对银行贷款的依赖程度是很高的，这和日本鲜明的主银行制度密切相关。主银行对企业提供主要信贷支持并持有企业相对较多的股份、承担监督企业的主要责任。通过持有企业的股份形成对企业的持续关注，并在企业发展的不同阶段提供多种信贷资金的融资支持。例如，2004 年关西城市银行与其提供资金支持的中小企业建立了"新天地会"，并采取三种方式助力中小企业发展：首先，关西城市银行选择具备较大发展潜力的新技术公司进行投资；其次，关西城市银行通过"新天地会"，为中小企业搭建上下游企业间的产业链，为产品的研发与销售搭建项目推广的媒介平台；最后，对发展成熟壮大的科技型中小企业扶持其"走出去"，发挥企业与海外大型项目合作的媒介作用，帮助科技型中小企业拓展海外市场。

日本科学振兴机构（Japan Science and Technology Agency，JST）通过实施创投转化大学研究成果计划，分三个阶段对企业实行融资支持。该计划通过与掌握成果转化经验的事业筹划团队合作，从创业前就开始关注大学研究成果的转化工作，对风险高但有潜力的技术种子，为其安排策划事业发展战略和知识产权战略，针对市场需要帮助中小企业实现大学研究成果的转化，继而实施创业。该计划第一阶段为事业筹划阶段。事业筹划团队与研究人员、创业者、知识产权专家等组成工作小组，制定将技术种子进行成果转化的最佳研发和转化方案。第二阶段为预备创业阶段。事业筹划团队对项目实施管理，根据市场需求，严格执行研发与事业发展进度。第三阶段为创业和获得风险资金阶段。创立大学成果转化型企业，通过项目实施，研究成果的商业化转换，争取民间风险投资资金的支持。

表 4.4　　　　　　　　JST 支持各阶段研发类型汇总

阶段	阶段 1			阶段 2	阶段 3	
形式	技术种子	产业需求措施	重点战略课题	培育种子	NexTEP-B	NexTEP-B
目的	验证技术种子实现的可能性	解决产业界共同技术课题，支持基础研发	对选定项目进行研发支持	全过程支持培育种子	支持成果的应用研发	支持成果的应用研发
申请者	—	研究者	研究者与企业	研究者与企业	企业（要得到技术所有人同意）	企业（要得到技术所有人同意）
研究开发费	最多 2000 万日元	最多 2500 万日元/年	最多 5000 万日元/年	2000 万—5 亿日元	最多 3 亿日元	最多 15 亿日元
研究开发期间	1—2 年	2—5 年	最长 6 年	2—6 年	最长 5 年	原则上 10 年以下
资金形式	众筹	众筹	众筹	中介基金	中介基金	开发成功时金额返还，不成功时返还 10%

资料来源：柏燕秋：《日本政府支持风险投资的政策与措施》，《全球科技经济瞭望》2016 年第 2 期。

（二）方法维

1. 多样的民间中小金融机构

日本民间中小金融机构及其分支机构数量众多、分布广泛，服务于科技型中小企业的主要有地方银行、第二地方银行、信用组合、信用金库、劳动金库等。这些中小型民间金融机构在全国的金融机构中占有重要地位。

（1）地方银行

地方银行总行设在大中城市，其分支机构广泛分布在以总行所在城市为中心的都道府县，主要向当地的中小型企业，特别是科技型中小企业提供服务。截至 2017 年年底，日本共有地方银行 64 家，分布在 46 个都道府县。高技术的中小企业在创业初期的资金需求量巨大，地方银行拥有众多密集的营业网点，对中小企业的贷款占其贷款总额的 70% 左右，在极大程度上解决了企业融资困难的问题。

（2）第二地方银行

第二地方银行是 1989 年由日本早期的相互银行渐渐转变而来，它与地方银行都面向当地的中小企业提供贷款支持，但区别是银行的规模和贷款的数量有所减小，为中小企业提供多样化的金融服务，并通过与当地财政合作提高公共金融服务质量。截至 2017 年年底，日本共有第二地方银行 41 家，分布在 35 个都道府县。

（3）信用金库

信用金库和信用组合的前身都是信用协同组合，是由信用协同组合分化演变而来。信用金库是以 1951 年颁布的《信用金库法》为基础设立的地方性中小企业金融机构，采用会员制，参加信用金库的会员仅限于本地区的在职工人和当地中小企业。

（4）信用组合

信用组合是依据 1949 年出台的《中小企业互助合作法》设立的互助性组织，其成员包括地方中小个体商户、个人等，信用组合的服务对象和服务范围被限定在本地方，更加贴近地方，为地方中小企业及个人提供金融互助，1951 年之后一部分信用组合改制成信用金库。

（5）劳动金库

劳动金库是由消费和劳动的协同组合所联合建立，具有合作性质的金融机构。

2. 谨慎发展的风险投资

日本是银行导向型的融资结构体系，但是日本的风险投资和公开资本市场发展也很活跃，直接融资比重持续上升。

日本风险投资主要是借鉴美国的发展经验，在对美国风险投资制度、组织结构及其运作模式的模仿和改进的过程中发展起的。日本的风险投资开始于 20 世纪 50 年代末，日本政府于 1951 年设立了风险企业开发银行，向风险企业提供低于市场利率的事业贷款，自此掀起了日本风险投资热潮，各种中小企业风险投资公司相继成立，大大缓解了高新科技、成长型中小企业融资难的问题。由于制度的缺失，第一浪潮于 1973 年宣告失败结束。

通过借鉴第一次风险投资失败的教训，日本政府在资本市场、资金支持、税收减免等诸多方面制定了相应的措施，第二次风险投资浪潮也随之开始。1975年日本政府成立了一家非盈利基金——日本风险企业中心，主要从事为风险企业提供贷款担保以及组织企业交流等事宜，日本风险投资进入相对稳定时期。但是由于制度没有与风险投资浪潮相同步，也以失败而结束。

20世纪90年代，伴随着生物科技、新能源、新材料等产业的发展，日本风险投资迎来了第三次风险投资浪潮。第三次风险投资浪潮投资方向主要以高新技术产业为主，涵盖了发展风险投资，促进创新活动，全面启动支持风险投资产业发展计划，使日本风险投资进入了新的发展阶段。

但是，随着产业结构从知识密集型的制造业向信息产业的转变，对于创业的态度日本表现出与美国的极大不同。在硅谷，许多 VC 都愿意投资那些失败过一两次的企业，美国人认为有过失败教训的人下一次创业更容易成功。但是在日本，创业者一旦失败，他的信用就会因此受到影响，会被身边的人歧视，在社会中会很难生存下去，甚至不能通过银行房贷的信用审核。另外，中国的创业者很多采取"拿来主义"，看到哪些项目在美国比较火，很快就会有一批创业公司将其抄到国内，从而产生大批 Copy to China 的创业项目，但是日本民众普遍不屑于这种方式，这就使创业的门槛变得很高。因而日本传统风险投资制度迎来新的变革和挑战，日本风险投资的发展不能仅对美国风险投资进行简单复制或者加减，而需要通过增加制度的多元性，为风险投资制度提供可以自由发展的空间。在不同制度间的融合和共存下，日本形成了组织多元化与业务内容多样化的风险投资制度。

3. 日益完善的证券市场

现代日本证券市场的形成，主要是第二次世界大战以后，以美国的证券法和证券交易所法为蓝本，以美国的证券市场为效仿对象发展起来的。随着20世纪50年代后期日本经济高速增长，日本的证券市场也得到了空前的发展。1949年以后，日本在全国各地成立了东京、大阪、名古屋、京都、新潟、广岛、福冈和札幌 8 个证券交易所。其中东京证券交易所是日本最大的证券交易所。目前东京证券交易所内部包括三个市场，其中市场一部为主板市场，上市公司主要是全球范围内的大型企业；市场二部上市标准较一部宽松，主要是暂时还达不到一部上市条件的中小型企业，承担了为部分中小企业服务的职能；东交所创业板市场（Mothers）面向具有高成长性的公司和国外新兴企业。据东京证交所公布的数字，东京证交所的交易总量占到国内市场份额的 90% 以上。

1963 年日本出现了场外交易市场（OTC），但是市场发展比较混乱，1976 年，为了规范场外市场的发展，日本证券业协会和证券公司共同出资成立了日本场外证券股份公司。普通投资者买卖股票都通过证券商完成。为了提高店头市场的效率，1991 年，日本建立了日本证券商自动报价系统（JASDAQ），经过上述一系列改革措施，店头市场的交易开始趋于活跃，交易量也开始增加。伴随着网络科技股的蓬勃兴起，1999 年 11 月东京证券交易所成立了服务于高增长新兴股票的 "Mothers"，也称为创业板市场。2000 年 6 月 19 日仅经过一年准备的美国纳斯达克和日本网络投资银行软件银行合资组建的日本纳斯达克市场在大阪证券交易所开张。

至此，日本吸收新兴企业上市的证券交易市场共有 3 个，包括 JASDAQ、东交所的 "Mothers" 和日本纳斯达克市场。这几个市场的主要服务对象均为中小企业，对中小企业的成长壮大发挥了重要的作用，但是三个市场之间的竞争也非常激烈。直到 2010 年 10 月，大阪证券交易所将其运营的创业板市场和 JASDAQ 市场进行整合成立了 "新 JASDAQ 市场"。新 JASDAQ 市场内部细分为 JASDAQ Standard 市场和 JASDAQ Growth 市场。其中 Standard 市场为具有一定规模和利润的企业服务，Growth 市场为成长型、技术、商业模式独特但盈利较弱的公司服务。新 JASDAQ 以相互信任、创新、国际化为原则向新兴产业和各中小企业的发展提供资金支持，设立了新的相关上市标准，强化市场信息公布的及时性及透明度，完善退市方面各项制度。目前

JASDAQ 市场已经成为日本国内最大的风险投资企业融资场所。

经过多年的兴衰更替、分立与整合发展，目前日本形成了较为成熟完善的包括主板市场、创业板、JASDAQ 和绿单市场在内的多层次资本市场。从市场规模来看，日本资本市场呈现典型的倒金字塔结构如表 4.5 所示。

表 4.5　　　　　　　　日本交易所集团上市公司数量

时间	第一部分	第二部分	创业板	JASDAQ Standard	JASDAQ Growth	Tokyo pro market	合计
2017 年 12 月 31 日	2065	518	248	708	41	22	3602

资料来源：http：//www.jpx.co.jp/。

倒金字塔结构的形成一方面是由于东交所悠久的发展历史，另一方面是由于日本多层次资本市场的转板制度比较明确，允许低层次资本市场向高层次市场转板。JASDAQ 对转板至市场一部或市场二部的企业制度要求非常明确，只要利润、净资产、总市值、销售额、股本数量等财务指标达到要求就可以顺利转板。根据东京证券交易所集团的数据，从 2013 年至 2017 年 7 月底 JASDAQ 转板的公司个数达到140 家，其中 36 家转至市场一部，104 家转至市场二部。其中 2015年达到近 5 年 JASDAQ 转板的高峰，之后转板速度减缓。

4. 配套的信用担保机制

日本的信用担保机制主要由信用保证制度和信用保险制度两部分组成。其中信用保证制度是指通过成立专门的信用保证协会，在科技型中小企业向银行等金融机构进行贷款融资的过程中，对中小企业所借得的债务提供担保。当企业经营陷入困境无力偿还贷款时，由信用保证协会代为偿还。日本信用保证协会的基本财产由政府出资、金融机构摊款和累计收支余额构成，并以此作为信用保证基金，其中承保的最高法定限额为基本财产的 60 倍。信用保证基金按政策性利率吸收借款，再按市场利率存入银行以赚取利差。

信用保险制度是指当信用保证协会与商业金融机构签订信用担

保合同时，同时还会与中小企业信用保险公库建立再担保（保险）关系。信用保证协会向中小企业信用保险公库支付保证费收入的40%作为保险费，而中小企业信用保险公库则承担信用保证协会70%或80%的代偿风险，同时向信用保证协会提供企业的综合实力报告。如果信用保证协会发生最终损失，则由政府拨款进行损失补偿。

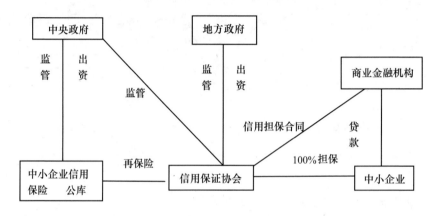

图 4.3　日本信用保证体系

资料来源：黄灿、许金花《日本、德国科技金融结合机制研究》，《南方金融》2014 年第 10 期。

这种中央与地方共同分担、担保与保险相结合的机制，为科技型中小企业提供贷款的投资者提供了充分保障，有力地促进了日本科技型企业的发展，同时也极大地促进和鼓励了科技金融创新。

（三）政策维

1. 法律保障

日本是发达国家中中小企业立法最健全的国家，第二次世界大战后，日本开始加强对中小企业的扶持力度，关注中小企业融资难问题。1949 年颁布了《国民金融公库法》设立专门机构提供中小企业贷款，1963 年出台了《中小企业基本法》，统筹中小企业问题。1999 年日本将《中小企业基本法》进行修正，进一步强化了中小企业政策支持体系，重点加强金融支持力度。在融资支持方面日本政府更是不断完善法律法规支持体系，相继出台了《中小企业金融公库法》《中小企业投资扶持股份公司法》《中小企业现代化资金扶持法》《关于促进中小企业创造性事业活动的临时措施法》《特定中小企业者事业转换对策等临时置措法》《中小企业创造活动促进法》《新事业创出促进法》等法律，以及安全网贷款制度、金融环境变化对策资金担保免除特例制度、企业重建资金制度、应收账款债权担保融资制度等制度。日本中小企业立法强调政府对于中小企业生存环境尤其是融资环境的直接负责，系统的法律法规支持有利于迅速、有效地解决中小企业融资问题，也更能保证中小企业金融支持体系运行的稳定性及连续性。

2. 政策性金融机构

日本维持科技型中小企业生存和发展的中小金融机构主要是在政府的支持下，逐步建立起来的。在支持科技型中小企业生存和发展中，民间中小金融机构和政策性金融机构起着举足轻重的作用。日本相继设立中小企业金融公库、农林渔业金融公库、国民金融公库、商工组合中央金库、区域中小企业援助基金等由政府独资或者政府控股的几十家政策性金融机构，作为一般金融机构的补充与完善，给中小企业提供有力资金支持。

（1）中小企业金融公库

科技型中小企业金融公库资金来源是日本政府的拨款以及发行中小企业的长期债券，资金筹集后会通过贷款的形式提供给高技术型中小企业维持企业的正常经营能力、进行技术研发，帮助企业渡过初创期和成长阶段。也会向有特殊贡献的科技型中小企业提供特别贷款，支持重点行业的发展。

（2）国民金融公库

国民金融公库是日本政府根据《国民金融公库法》设立的，资金主要来源于政府的资金支持和资本市场中的零散投资，国民金融公库为科技型中小企业提供大量的资金支持，特别是一些生存困难又无法取得外源融资的企业，帮助企业生存下去。

（3）商工联合中央金库

日本商工联合中央金库是政府和中小企业团体合资设立的另一家政策性金融机构，兼有官方和民办的双重性质，主要职责也是向中小企业提供政策性金融服务，并设有监理来管理机构的日常资金事物和资金收益。

（4）区域中小企业援助基金

除中央政府和有关部门的金融支持措施外，日本都道府县以及市町村等地方自治体也建立了帮助中小企业获得融资的平台和渠道，为辖区内中小企业提供多层次、多渠道的金融服务。

（5）金融政策公库

2008 年 10 月，日本政府将中小企业金融公库、农林渔业金融公库、国民金融公库合并整合为日本金融政策公库。日本金融政策公库成为日本最重要的中小企业政策性金融机构之一。

日本政府通过这样一系列的金融机构设置，为科技型中小企业提供了充分的资金支持和贷款担保，由政府提供的很多资金通过这些机构进行有效的管理和运作，让政府的资金投入变得更为有效，为处于成长阶段的科技型中小企业发展提供坚实的基础。

三　德国科技型中小企业融资经验

德国是一个以中小企业为支柱的经济强国，约占企业总数99%的中小企业，贡献了约54%的GDP增加值，拉动了约62%的就业，据相关数据统计，在2764家中型全球领导企业中，德国占席达到47%。德国中小企业主要面向海外合作，开拓国际市场，因而在质量和产品的创新方面竞争激烈，尤其在德国国家高科技战略的框架下，中小企业在尖端技术领域的研发活动日趋活跃，在医药和信息通信技术领域研发的参与度均为59%，在测量及自动控制技术上的研发占比达到了79%。在促进中小企业发展，加大科技研发投入上德国形成了自上而下的、全方位的支持体系。

（一）时间维

1. 种子期——高科技创业基金（High Tech Startup Fund）

2005年，德国联邦经济技术部、德国复兴信贷银行和若干德国知名工业企业集团分别出资2.2亿欧元、0.4亿欧元和0.285亿欧元，共同设立了基金总规模2.885亿欧元的高科技创业基金。高科技创业基金主要向处于种子期存续期第一年内的科技型中小企业提供风险投资，为处于种子期的技术创新提供资助。同时为帮助企业实现科技转化以及产品推广，高科技创业基金还提供管理支持和合作伙伴网络服务。该基金运作的第一阶段（2005—2010年），共计向约250家企业投资2.72亿欧元。2011年以后基金进入第二阶段运营，2012年引入德国邮政（DHL）、博朗（Braun）等七家企业投资者，基金总规模达到2.935亿欧元。

该基金重点资助信息通信技术、自动化与电子技术、生命科学等七大重点领域。在资金使用上，该基金以参股方式投入高科技创业企业，或向受资助企业提供最高50万欧元的可转股次级贷款，并由此获得企业15%的名义股份；或向受资助企业提供为期7年的150万欧元后续风险投资。受资助企业则必须满足自有资金投入不低于20%的条件，其中一半可为商业天使投资、地方种子基金、公立或私立投资。从规模上看，政府主导的高科技创业基金在国内种子资本市场上占到了总量的54%，在市场上占有主导地位。

2. 初创期——欧洲复兴计划启动基金（ERP Start Fund）

在欧洲复兴计划（ERP）的框架下，德国设立了由德国复兴信贷银行集团的中小企业银行负责运作的总额2.5亿欧元的企业启动基金。该基金主要面向风险相对较高，刚完成种子期发展进入初创期阶段，在市场上存续时间不到10年，雇员人数少于50人，年营业额不高于1000万欧元的科技型中小企业。

该基金要求企业必须有一家主导投资者，主导投资方参与企业的管理和运作，并向德国复兴信贷银行集团披露企业的相关信息；同时要求企业高管投资入股，以自有资金表示对企业未来的信心和对风险的担当。欧洲复兴计划启动基金在主导投资者和企业高管投资的基础之上，为企业提供不超过 500 万欧元的配套投资。

3. 成长期——欧洲复兴计划创新项目（ERP Innovation Program）

欧洲复兴计划创新项目为成长期的中小企业投资新产品，进一步提高和改善产品性能或者优化生产工艺等研发计划提供长期的融资支持。资助的方式由德国复兴信贷银行集团提供长期优惠贷款，激励企业开展研发活动。长期优惠贷款是一个融资包，包括传统的常规贷款和次级源贷款，德国复兴信贷银行集团承担次级源贷款的全部风险，不要求企业提供任何抵押品，其中，40% 的贷款属于常规贷款，享有正常清偿权，60% 的贷款属于次级源贷款，德国复兴信贷银行集团的清偿权处于第二位，企业可以在一定程度上把这种贷款等同于自有资金，贷款期限为 5—10 年，利息非常优惠，并有较长的宽限期。

（二）方法维

1. 专门融资机构的系统支持

（1）银行主导型模式

德国银行实行的是"全能银行"制度，银行的规模扩张和收购兼并规则比较灵活，因此形成了对科技型企业融资支持的银行主导型模式。在德国，科技型中小企业融资资金构成中来自于银行的占比达到55%，另有12% 由保险公司提供。

（2）高科技中小企业银行融资体系比较完善

德国具有一系列专门的融资机构，主要包括大众银行、储蓄银行、合作银行以及复兴信贷银行等。这些专门的融资机构得到政府的金融支持，能够为科技型中小企业提供长期贷款和低息贷款，且贷款的利率比市场利率低。

（3）德国复兴信贷银行融资产品多样化

德国复兴信贷银行作为为科技创业企业提供金融服务的主力军，开发了丰富多样的融资产品。德国复兴信贷银行成立于1948 年，其80% 的股权归德国联邦政府，20% 的股权归州政府。该行不直接吸收存款，由德国财政部和德国经济技术部负责监管。复兴信贷银行下设的中小企业公司（简称 KFW-tbg）负责为中小企业、创业初期企业、高新技术企业和风险投资等业务提供中长期低息融资和股权融资。目前该子公司业务已成为复兴银行最大的业务领域，其业务量约占该行全部业务总量的1/3（该行国内业务总量的1/2）。

（4）德国复兴信贷银行的资金来源成本较低

德国复兴信贷银行主要通过发行债券方式筹集资金，债券融资额占到其全部资金来源的91%左右。因为复兴信贷银行具有法定国家信用，在发行债券方面享受政府提供的担保，因而享有零风险权重，并以此保证了其在国际资本市场能获得高等级评级，以及在国际资本市场获得低成本资金。另外，复兴信贷银行还享有政府专项资金支持，包括联邦和州的财政预算拨款以及欧洲复兴计划（ERP）的专用资产基金等。低成本的资金来源使得复兴信贷银行可以提供丰富的支持科技型中小企业发展的融资产品，涵盖低息贷款、次级贷款和股权融资等多种形式。在业务经营上，复兴信贷银行不直接发放贷款，而是通过商业往来银行转贷给借款人。由于转贷银行对于中小企业的情况比较了解，所以通过转贷银行提供贷款可减小因信息不对称而带来的风险。因此复兴信贷银行向转贷银行收取的利率低于转贷银行向客户收取的利率。通过这种利益分配，复兴信贷银行将从资本市场筹集到的低利率资金和政府利息补贴的好处，分配给转贷银行一部分，中小企业客户也因此能够获得长期的低息贷款，复兴信贷银行自身也获得了低风险收益。

2. 证券化商品的衔接支持

由于德国的金融体系是由全能银行主导的间接融资模式，因而其股票市场并不发达，全能银行替代资本市场承担了企业长期融资的职能。德国的证券市场的层次结构主要包括全国性证券交易所、创业板（新市场）和地方性证券交易所。

（1）全国性证券交易所

德国建有柏林、不来梅、汉堡、杜塞尔多夫、法兰克福、汉诺威、慕尼黑和斯图加特八家证券交易所。德国证券交易所位于法兰克福，是世界四大证券交易所之一，是仅次于伦敦的欧洲第二大的交易所，

是欧洲最活跃的证券交易市场，其股票交易量占德国本土股票交易量
的90%。德国证券交易所有多层次的上市标准，上市公司可以根据不
同生命周期发展阶段及规模，选择高级市场、一般市场、初级市场和
准入市场四个信息披露和监管层次不同的上市板块如表4.6所示。

表4.6   德交所市场分层情况

进入资本市场的途径	按欧盟标准监管的市场	由交易所自己监管的市场
市场板块	高级市场	初级市场
	一般市场	准入市场（公开市场）

资料来源：根据互联网公开资料整理。

　　初级市场的法律框架是按照德意志交易所规范的非官方市场标准
制定的。初级市场由德意志交易所认可的代理机构负责公司的股票交
易，并监督公司遵守信息披露的基本要求。初级市场上市标准低、流
程简单，同时按初级标准上市的费用远低于在其他市场上市的费用。
中小型企业股票可以低成本、快捷地投入交易。因此该市场适合所有
希望通过便捷、低成本、低要求上市的公司。一般市场也为公司提供
低成本的灵活便利条件，但在一般市场上市的公司需满足欧盟对上市
公司信息披露标准的最低要求。在高级市场上市的公司必须先满足一
般市场对上市公司的要求，并遵守国际信息披露惯例和要求。

表4.7   德交所上市基本要求

项目	初级市场	一般市场	高级市场
企业成立时间	1 年	3 年	3 年
最低发行市值		125 万欧元	125 万欧元
最低发行量		10000 股	10000 股
公众持股量		最少 25%	最少 25%
法律要求	最低法律要求	欧盟法律约束	欧盟法律约束

资料来源：根据互联网公开资料整理。

由于德交所监管比较严格，因此本土中小企业更倾向于债券融资。而在其他交易所上市的企业可以到德交所重复上市，因此德交所内一半以上的企业来源于境外。

（2）创业板（新市场）

在创业板市场方面，1997 年 3 月为了解决具有高成长性的科技型企业的融资难题，德国交易所集团在主板市场之外建立了"新市场"（Neuer Market），对于上市公司的市场准入标准与信息披露要求均有所放宽。1999 年法兰克福股票交易所又设立 SMAX 来为传统行业的小企业募集资本。Neuer Market 与 SMAX 这两个市场的设立在很大程度上改善了中小企业的融资环境，但上市公司的质量也良莠不齐。随着高科技泡沫的破灭，在 Neuer Market 上市的众多企业股价暴跌，投资者逐渐失去信心，2003 年 NeuerMarket 与 SMAX 相继被关闭。创业板的失败暴露了德国资本市场在上市审核与监管程序上的弊端，促使德国证券市场结构进行进一步调整，交易所板块被重新划分。按照新的计划，德国交易所将主板市场划分为两块，即"国内标准"板块（Domestic standard）和"高标准"板块（Prime standard）。"国内标准"板块要求上市公司满足基本的法定透明度要求，"高标准"板块要增加相应的国际透明度要求，即季报、国际会计准则、英语披露报告等等。成立后的"高标准"板块将覆盖原有的新市场上市公司和 SMAX 板块上市公司。通过改革和市场结构的调整，德国新市场成为德国交易所集团整合全部市场板块的一部分。

（3）地方性证券交易所

德国地方性交易所实行多层次的市场准入制度。自 1987 年开始，各个证券交易所均开设三个市场板块供企业选择，即正规市场板块（Official Market）、受管制市场板块（Regulated Market）以及公开市场板块（Open Market）。其中，正规市场板块交易最具流动性的股票，上市条件较高且信息披露要求最为严格。受管制市场板块对公司存续最低年限与公众持股量均不作要求，上市要求相比于正规市场略低。公开市场板块由交易所自己管理，对企业的要求最低，程序简单且成本低廉，更加适合成立时间不长、具有高成长性的中小企业。

综上分析，德国资本市场的特色主要在于德国银行发行中小企业贷款的证券化商品，将科技型中小企业的贷款与资本市场相联系，不仅增加了中小企业的融资来源，而且增加了银行的流动性，降低了银行的风险。

3. 政府引导的风投支持

（1）银行和保险公司提供了大多数风险投资资金

长期以来，由于德国的全能银行体系在德国经济运行中占有主导地位，银行等金融机构成为德国风险投资的资本金主要供应者。20 世纪末，德国风险投资的资本来自银行、保险公司和养老金的比例占 65% 左右。

（2）风险投资风格稳健

德国风险投资业发展的重要标志是 1975 年设立的 WFG 基金。WFG 基金的资金由德国政府和 29 家德国银行共同提供。政府承诺承担 WFG 计划 75% 的损失。为了鼓励企业家创业，WFG 计划允许企业家以成本价加上合适的利润回购该企业。通过这样的激励政策，WFG 确实进行了很多投资行为，其中也有一些成功的案例。但是这样的运行模式并不是纯粹的创业风险投资，政府的承诺从表面上促进了创业风险投资行为的发生，但是因为企业家可以回购，所以投资项目属于低回报项目。这种运营模式严重阻碍了创业风险投资的开展，遏制了对高风险的早期科技型企业的投资。WFG 基金在运作期间，累计亏损高达 3840 万德国马克，投资内部收益率为 - 25.07%。直至 20 世纪 90 年代中期以后，随着德国资本市场自由化进程的加快，风险资本增长才明显提速。1995 年，德国政府建立了高技术小企业风险投资（BTU）计划，通过复兴信贷银行下属的中小企业银行的具体运作，以优惠利率贷款给投资公司，再由投资公司向中小企业投资，为企业研究开发提供长期贷款。此外，为推动风险投资公司积极扶植中小企业技术革新，德国政府还鼓励其他商业性金融机构为新建企业提供风险投资，由政府承担一定比例的风险担保。政府大约同 250 家风险投资公司建立了合作关系，向参股科技园或孵化器的投资公司发放低息贷款。1995—2000 年，德国的风险投资公司（不包括私募和天使投资）参股投资额增长了 8 倍，在欧洲仅次于英国位居第二。截至 2015 年，德国风险投资占 GDP 比重达 0.025%，在欧洲（含欧盟）位列第 13 位如图 4.4 所示。

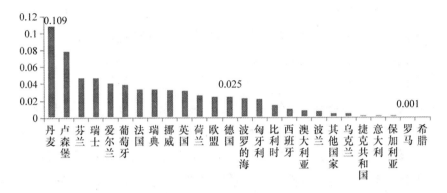

图4.4　欧洲主要国家风险投资占 GDP 比重（2015 年）

资料来源：中国创业风险投资发展报告 2016。

不可否认的是，德国的风险投资企业大多由政府出资引导，银行、保险等金融机构作为母公司出资人，这种股权结构使风险投资公司沿袭了其母公司谨慎求稳的投资风格，数据显示，风险投资资金大多投向处于后期阶段的成熟企业，且投资于后期阶段的资金较多是投向传统工业技术领域。

4. 完善的风险分担机制

早在 1954 年，德国就已经开始实施中小企业信用担保体系，目前已形成了较为完善的风险分担体系。德国政府出资建立信用保证协会，在中小企业向银行借贷时提供信用担保，以解决中小企业贷款担保难的问题。同时，德国政府为科技型中小企业提供包括以联邦州的担保银行为核心进行担保、由联邦州政府进行担保和由德国政府进行担保的多层次融资担保体系。

按照《德国信贷法》等规定，在风险分担方面，商业银行与担保银行对担保贷款一般按照 2∶8 的比例分担风险责任，商业银行承担

20%担保风险，担保银行承担其余80%的担保风险。一旦发生损失担保银行发生代偿时，德国联邦政府、州政府和担保银行分别按39%、26%和35%的比例承担损失。也就是说虽然担保银行以市场化方式运作，但得到了政府的大力支持。政府同时规定若担保银行的新增利润仍用于担保业务则可享受税收优惠。在政府的支持下，德国担保银行稳步发展，完善了银行融资体系，支持了德国科技型中小企业的发展。

（三）政策维

1. 法律保障

为营造支持企业技术创新的法制环境，充分发挥中小企业创新主体的作用，德国出台了包括《科学技术法》《联邦政府关于中小企业研究与技术政策总方案》《关于提高中小企业的新行动纲领》《中小企业结构政策的专项条例》等一系列法律法规。此外，德国各州还制定并实施自己各具特色的《中小企业促进法》，鼓励科技型企业结合自身特点因地制宜地开展技术创新。2006年，德国实施第一个高技术战略国家总体规划，推动德国在创新领域取得了良好的成效。为了使德国成为未来解决全球竞争挑战的先行者，2010年7月，德国联邦政府正式通过了《德国2020高技术战略》，进一步发展高技术战略，激发德国在科学和经济上的巨大潜力。在《2020高技术战略》的框架中，中小企业既是合作层面的重要载体，又是政策层面的重点支持对象，以该战略为指导，考虑中小企业创新过程中面临的困难，德国政府为中小企业量身定做了各种创新支持方案，引导中小企业围绕气候和能源、健康和营养、交通、安全、通信这五大领域展开创新，开辟未来新市场。

德国国家创新系统由联邦和地方政府的相关部门、知识创造机构（大学与大学之外的科研机构）、中介机构以及知识与技术转化组织等组成，共同为企业创新提供多样化的支持和服务。德国拥有多家享誉世界的公立研究机构以及大量的技术创新中介机构和应用技术大学，服务于科技创新。此外，德国政府重视中小企业技术创新金融服务的需要，增加了对中小企业应用导向的基础研究项目的支持方案。设立了"小型技术企业参与基金"，推出了中小企业创新核心项目（ZIM）。该项目是一个全国性的资助计划，支持中小企业进行贴近市场的产品研发，目前，ZIM 已推出了 8 年多，被认为是创新领域的最佳资助项目。

2. 政策性金融机构

德国拥有发达的政策性金融体系。联邦政府层面德国政府的两大政策性银行（德国清算银行和德国复兴信贷银行）对科技型中小企业提供了大量资金及业务支持。德国政府每年向这两大政策性银行提供 50 亿欧元补贴，以便其向与中小企业有业务往来的商业银行提供 2%—3% 的利息补贴，科技中小企业因此而受益。

州政府层面，德国也设立了大量专门为中小企业融资的金融机构，为中小企业提供无偿贷款、无息贷款和低息贷款三种类型的贷款，考虑资源约束及资源配置的效率等问题，规定科技型中小企业贷款不能超过 50%，余下部分须向商业银行借贷，但是政府依然向商业银行提供 2%—3% 的利息补贴，政府还向科技型中小企业提供夹层贷款，该贷款类似于企业的自有资本，增加了企业自有资本，使得科技型中小企业更易于获得银行的信贷支持。德国政府在税收方面也对科技型中小企业提供了较多的支持，提高营业税的起征点，提高设备折旧款标准等。

第二节　国内发达地区科技型中小企业融资体系经验借鉴

一　北京市科技型中小企业融资体系经验

北京市鼓励科技型中小企业融资体系建设，为不同成长状况的科技型中小企业提供多角度的融资项目支持，鼓励各地方的科技型中小企业管理部门以及高新科技园区开展创业风险投资建设。

（一）时间维

1. 中关村高新科技园区系列融资计划

中关村高新科技园区针对不同成长阶段的科技型中小企业探索了

一系列的融资渠道。其中效果显著的是通过设立科技型中小企业信用评价专属标准，并依据评定结果，将企业列入"展翼计划"和"瞪羚计划"，重点培育扶持。

（1）设立科技型中小企业信用评价专属标准

中关村科技园区制定了《中关村国家自主创新示范区企业信用星级评定管理办法》，针对园区内企业设置了中关村企业信用星级评定计划，由北京中关村企业信用促进会负责评级，对初次申报企业信用星级评定的企业，在当年完成一个贷款周期并按期履行还本付息后，可申请获得"信用一星"级别。完成第二个贷款周期并符合本办法相关条件的，可申请增加一个星级，依次递增，最高可获得"信用五星"级别，一个自然年度内最多增加一个星级。不同的信用星级可以获得从20%—40%不等的贷款利息补贴优惠。通过长效利息优惠机制强化企业的还款意愿，激励企业持续发展。

（2）开展"瞪羚计划"和"展翼计划"

"瞪羚计划"和"展翼计划"由中关村首创。"瞪羚企业"指处于高速发展中小企业。中关村拥有一大批处于高速发展中的"瞪羚企业"，其平均增长率接近60%。但是"瞪羚企业"的产业发展资金匮乏，融资渠道十分狭窄。为破解这一难题，中关村管委会将信用评价、信用激励和约束机制同担保贷款业务进行有机结合，制定了"瞪羚计划"。瞪羚企业分为瞪羚普通企业和瞪羚重点培育企业，瞪羚重点培育企业为连续两年实现销售收入增长"瞪羚计划"企业，并且复合增长率排名位于"瞪羚计划"同一收入级别企业的前200名，或是中关村信用促进会评定的四星级（含）以上企业、在新三板挂牌的企业、在境内外上市的企业。中关村企业信用促进会负责对"瞪羚企业"进行信用管理和"星级"评定，中关村科技担保公司等与中关村管委会合作的担保机构为"瞪羚企业"提供低成本的贷款担保，协作银行负责向获得担保的"瞪羚企业"发放贷款，中关村管委会为企业提供贷款贴息支持，解决"瞪羚企业"融资问题。"瞪羚计划"每年可帮助园区"瞪羚企业"解决超过50亿元的流动资金贷款。在中关村示范区内，中关村分行"瞪羚计划"贷款累计发放户数占比70%。"展翼计划"实施目的、设计原理以及操作流程与"瞪羚计划"基本相同，所不同的是评定企业的标准更低、对展翼企业支持举措较普通瞪羚企业更丰富。

表4.8　　　　　　　　　瞪羚企业、展翼企业评定标准

	瞪羚企业	展翼企业
评定机构	中关村企业信用促进会	中关村企业信用促进会
评定机制	2010年发布第一批企业，每年评定1次	2013年发布第一批企业，每年评定1次
担保期限	3年以内	3年以内
评定条件	1. 中关村科技园区内的高新技术企业； 2. 企业技工贸年收入为1000万—5亿元，分三个级别：总收入为1000万—5000万元，收入增长率达到20%或利润增长率达到10%；总收入为5000万—1亿元，收入增长率达到10%或利润增长率达到10%；总收入为1亿—5亿元，收入增长率超过5%或利润增长率达到10%	1. 纳入中关村统计范围的科技型企业； 2. 企业技工贸年收入为100万—1000万元，收入增长率超过10%（含）；或年总收入为1000万—2000万元，收入增长率超过10%（含）；但尚未达到"瞪羚计划"的企业

资料来源：胡海鹏、袁永、廖晓东：《中关村科技型中小微企业融资新工具及对广东的启示》，《科技与创新》2017年第2期。

表4.9　　　　　　　　　瞪羚企业、展翼企业支持举措

企业类型		支持举措
瞪羚企业	瞪羚普通企业	1. 按照中关村企业信用星级利息补贴比例给予贷款贴息； 2. 实行担保公司的快捷担保审批程序，简化反担保措施； 3. 进入协作银行的快捷贷款审批程序，在银行贷款基准利率的基础上，各自制定不超过基准利率20%的上浮标准
	瞪羚重点培育企业	1. 在中关村企业信用星级利息补贴比例基础上，每个星级贷款贴息比例提高5个百分点进行贷款贴息； 2. 对企业发行的企业债券、信托计划、中期票据、短期融资券等直接融资产品给予社会筹资利息30%的补贴； 3. 对企业发生的信用保险和贸易融资，给予50%的资信调查费用补贴和50%的保费补贴； 4. 对企业投标承接重大建设工程，给予保函手续费、评审费、担保费等综合成本20%的补贴，按照银行基准利率给予贷款企业40%的利息补贴

续表

企业类型	支持举措
展翼企业	1. 实行担保公司快捷担保审批程序,简化反担保措施; 2. 合作银行实施快捷贷款审批程序,可根据自身的风险控制与承受能力,在银行贷款基准利率的基础上,制定不超过基准利率30%的上浮幅度; 3. 为实际贷款期限在9个月以上,并按期还本付息的企业,按照中关村企业信用星级利息补贴比例给予贷款贴息; 4. 对企业发行企业债券、信托计划、中期票据、短期融资券等直接融资产品给予社会筹资利息30%的补贴; 5. 对单个企业的年度担保贷款利息补贴和担保费补贴总额不超过50万元

　　资料来源:胡海鹏、袁永、廖晓东:《中关村科技型中小微企业融资新工具及对广东的启示》,《科技与创新》2017年第2期。

2. 北京银行中关村分行差异化融资项目

　　北京银行中关村分行针对科技型企业创业、成长、成熟、腾飞四个阶段的差异化融资需求,积极推进产品创新。

　　第一,针对创业期轻资产、首次融资难的创业企业,北京银行提供包括"创业贷"、小额信用贷款、见贷即保、投贷联动、留学归国人员创业企业担保贷款在内的综合融资服务。2013年,中国人民银行营业管理部与中关村管委会联合启动"中关村零信贷小微企业金融服务拓展活动",北京银行迅速发布"北京银行中关村零信贷小微金融服务行动计划",将目光锁定在处于初创期、轻资产、首次融资难的创业企业,联合车库咖啡、3W咖啡、创新工场、创业家等创新型孵化器,发布针对平台创业企业的专属信贷产品"创业贷",同时推出中国银行业首张针对创业人群的信用卡"创业卡",打造了"创业贷"联动"创业卡"模式,即针对孵化器中申请北京银行"创业贷"产品的创业型企业的法人、主要股东及其管理人员发放"创业卡",信用卡额度纳入企业贷款额度统一授信管理,一般为贷款总额度20%以内。

　　第二,针对成长期快速成长、融资需求加大的企业,提供包括质权贷、创意贷、订单贷、短贷宝在内的综合融资服务。

　　第三,针对成熟期已上市企业,提供包括信用贷、个人高端主动授信、供应链金融服务、主动授信、票据融资、现金管理在内的综合融资服务。

第四，针对腾飞期跨越式发展、融资需求多元化的企业，提供包括并购贷款、非金融企业债务融资工具、债务融资、现金管理、供应链金融服务在内的综合融资服务。

（二）方法维

北京银行中关村分行是中关村国家自主创新示范区内第一家分行级银行机构，2011 年 5 月 28 日成立，截至 2016 年年底，北京银行中关村分行辖内共有 47 家网点，总资产超过 2000 亿元。北京银行中关村分行始终坚持服务小微企业的市场定位，持续开展先行先试，累计为中关村示范区 8000 家科技型中小企业发放贷款超过 1000 亿元，科技型中小企业信用贷款累计发放户数占比 55%。北京银行中关村分行不断加强产品、模式、机制体制创新，逐步打造出小微金融、网络金融、惠民金融、区域金融等多项科技金融品牌，成为中关村示范区科技金融创新的开拓者和领先者。

北京银行中关村分行充分发挥一级分行的组织优势，先后建立中关村海淀园支行、上地支行、双秀支行等小微企业信贷专营机构和"信贷工厂"。2011 年 5 月，北京银行在中关村分行正式启动"信贷工厂"模式，中关村海淀园支行作为第一个试点单位，借鉴工厂流水线的操作方式，创新探索小微企业批量化服务模式。以批量化的服务渠道为基础，借鉴工厂流水线操作方式，北京银行为小微企业量体裁衣，通过标准化审贷、差异化贷后、特色化激励，全力打造了"文化金融""科技金融"和"绿色金融"特色品牌。海淀园"信贷工厂"中小微企业贷款户数在同业中排名第一。为简化信贷流程，"信贷工厂"模式推行风险嵌入理念，风险经理直接替代支行审查人，支行审贷会以及分行的审查人员各环节合一，风险经理与客户经理一起下户，迅速作出判断。信贷经理操作每笔贷款的平均时间，从过去的 3 周左右缩短到 2—5 天。以小微企业垂直管理体系为中心，北京银行中关村分行通过特色化的专营支行和规模化的"信贷工厂"模式，真正构建起了专业化经营、集约化发展的科技型小微企业服务体系。

2014 年，中关村分行与车库咖啡、北京市股权交易中心共同签署协议，探索股权、债权合作共赢的模式，为小微企业成长与发展搭建起更为便捷、全面的资本对接服务平台。随着海淀区"一城三街"建设步伐加快，2014 年，北京银行中关村分行将服务视野扩大到中关村创业大街；2015 年，北京银行在中关村创业大街设立专门服务小微企业的网点，近距离为创业者提供咨询、开户、融资等一系列金融服务。截至 2017 年年底，该行累计发放创业类贷款 994 笔、86292 万元，其中贷款金额最低的仅 2 万元。

2014 年，北京银行与北京市科委签署协议，持续探索实施"科技贷"系列集群项目，同时与中关村科技园区管委会签署协议，开展产业发展、园区建设、科技金融创新、产融平台与信用体系搭建、"投保贷租"金融一体化服务、小微企业快捷信贷融资等全方位合作。与中关村科技融资担保公司、北京海淀科技企业融资担保有限公司合作推出了"见贷即保"产品，开创银担合作先河，形成"共同下户、独立决策、风险共担"的业务操作模式；与中关村科技租赁公司合作推出了"银租通"产品，与税务机关合作推出了"银税通"产品，聚焦高成长企业需求推出了"成长贷"产品，基于账单流水推出了"小微贷"产品，打造出功能全面、配置灵活、风控严谨的产品平台。

2015 年 6 月，全国首家、唯一一家由银行设立的众创空间——北京银行"中关村小巨人创客中心"正式诞生。创客中心内，可同时入驻近 10 个创业团队，并提供 3 个月免费孵化。运行 1 年后，北京银行于 2016 年启动"支持中关村'万家创客'行动计划"，从创客服务、平台搭建、投贷联动、导师辅导、创业孵化等方面对创客中心服务进行升级。截至 2017 年年底，创客中心会员总数已突破 14000 家，合作投资机构 220 余家，创业导师 43 名，创客学员 60 家，入孵企业 47 家。

2016 年，北京银行成为首批投贷联动试点银行，中关村分行搭建融合生态圈，设立"中关村投贷联动共同体"，推出"投贷通"产品；2017 年，联合龙头企业、投资机构、服务平台，成立中关村投贷联动共同体。

在"互联网＋金融"发展趋势下，北京银行抢抓"互联网＋"机遇，持续丰富在线融资产品，寻求多方合作机会，共建"互联网＋"时代下的线上平台，2013 年推出网络供应链品牌"网络链"。2015 年推出在线产品"网速贷"。"网速贷"产品是北京银行为了切实解决小微企业融资难问题而创新推出的一款线上融资产品。客户在获批银行授信后，即可自主在网银端发起融资申请，自主确定融资金额，从融资申请提出到融资款项入账，全流程自动化处理，无须再次审核，无须人工处理，真正实现极速放款，大大提升企业资金管理效率。"互联网＋网速贷"模式是北京银行借力互联网对小微企业融资模式的一次全面升级，对传统贷款流程实现了质的突破，业务处理的响应速度由以"天"为单位升级到以"分"为单位，流程由繁杂的手续简化为隐形，提升了小微企业融资自主和财务控制的能力，真正降低企业财务成本。

（三）政策维

1. 制度保障

北京市不断整合现有的相关法律法规，结合各地具体情况制定配套政策。

首先，在国家出台《国家中长期科学和技术发展规划纲要（2006—2020 年）》的基础上，2008 年制定《北京市中长期科学和技术发展规划纲要（2008—2020）》，2009 年制定《"科技北京"行动计划（2009—2012 年）——促进自主创新行动》，2013 年制定《北京技术创新行动计划（2014—2017 年）》。

其次，为落实国务院《关于同意支持中关村科技园区建设国家自主创新示范区的批复》（国函〔2009〕28 号），2009 年 12 月出台《中关村国家自主创新示范区重大科技成果转化和产业化股权投资暂行办法》，市政府设立重大科技成果转化和产业化投资专项资金，在中关村国家自主创新示范区开展试点，以股权投资方式，支持重大科技成果在京转化和产业化。2010 年 12 月出台《中关村国家自主创新示范区条例》，鼓励组织和个人在示范区开展创新创业活动，支持有利于自主创新的制度、体制和机制在示范区先行先试，营造鼓励创新创业、宽容失败的文化氛围。

最后，2013 年 3 月发布《关于深化科技体制改革加快首都创新体系建设的意见》《北京市人民政府关于进一步支持小型微型企业发展的意见》；2014 年 11 月发布《关于进一步加强金融支持小微企业发展的若干措施》；2015 年 10 月发布《北京市人民政府关于大力推进大众创业万众创新的实施意见》；2016 年 12 月发布《北京市深化市级财政科技计划（专项、基金等）管理改革实施方案》，根据政府科技管理职能和科技创新规律，将本市各项目主管部门管理的科技计划（专项、基金等）整合为北京市自然科学基金、北京市科技重大专项、北京市重点研发计划、北京市科技创新引导专项（基金）、北京市基地建设和人才培养专项五个类别，形成各有侧重、相互协同的分类管理格局。

2. 财税支持

首先，将现有的北京市中小企业发展专项资金由每年 5 亿元增至 8 亿元，使用重点向小型微型企业倾斜。设立北京市中小企业发展基金，主要用于引导社会资本等各类资金支持初创期、成长期的小型微型企业。基金规模初期定为 20 亿元。基金来源为财政等多渠道筹措，今后采取基金收益充实本金、吸收社会资本参股等方式逐步扩大基金规模。成立科技型中小企业技术创新资金，通过政府的财政拨款支持企业的自主创新，为科技型中小企业提供无偿资助、贷款贴息等资金支持，每年增加的财政预算成为专项资金支持科技型中小企业的技术创新。

其次，搭建"北京市中小企业公共服务平台网络体系"，为中小企业提供"一站式"服务，打造"中小企业服务大厅＋网上中小企业服务平台＋中小企业服务联盟"三位一体的立体式服务架构，形成

了 "1×16×N" 的立体式公共服务平台骨干网络，即 1 个市级公共服务（枢纽）平台 + 16 个区县窗口平台 + N 个产业集群窗口平台的平台网络体系，实现了对市、区（县）和重点产业集群内中小企业服务的全覆盖。市科委与财政局通过北京高技术创业服务中心开展融资服务平台建设，充分发挥首都的科学资源优势和人才优势，为科技型中小企业提供孵化空间，开展孵化活动，以最大限度地促进高科技成果的转化，为企业提供全方位的信息支持、投融资服务以及企业人才培训工作，另外也成了中关村科技园区的中小型企业有效的技术支撑。服务中心联合北京创业孵育协会为科技企业孵化器提供专业的服务，服务涉及整合中介服务资源、评价项目政策及孵化器规范管理。北京市科委联合高校研究机构和中介机构，建立网络化的 "研发实验服务舰队" 的服务平台，促进形成 "北京模式"，平均 1 元的政府资金撬动的社会资源达到 130 元。

3. 吸引创业投资公司

为发挥财政资金的杠杆放大作用，吸引更多社会资金投资中关村的科技型企业，促进创业企业发展，中关村管委会设立创业投资风险补贴资金、天使投资风险补贴资金、债务性融资机构风险补贴资金，支持符合条件的创业投资机构、科技企业孵化器、天使投资机构、中关村合作银行或担保公司。

首先，对于在中关村开展天使投资的天使投资机构，根据投资于中关村初创企业的实际投资额，按一定比例给予补贴，补贴金额不超过该天使投资机构上一年度投资于中关村总投资额的 15%，单笔补贴最高不超过 45 万元，且每年补贴总额不超过 150 万元；对投资中关村管委会审定的前沿技术项目的天使投资机构，单笔补贴金额不超过 100 万元。天使投资在北京市的投资案例数（见图 4.5）和投资金额均远远高于国内其他省份如图 4.6 所示。

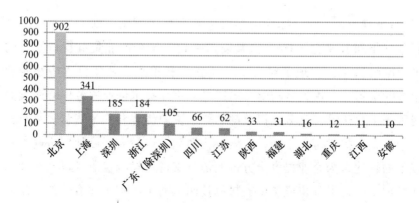

图4.5 2015年中国天使投资不同地域投资案例数

注：其他未列示省份和地区投资案例数均低于10笔。

资料来源：清科研究。

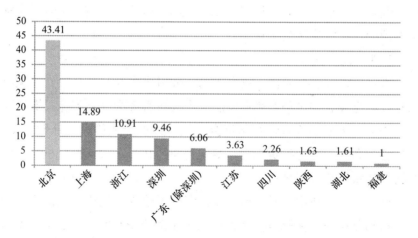

图4.6 2015年中国天使投资不同地域投资金额

注：其他未列示省份投资金额均低于1亿元。

资料来源：清科研究。

其次，对于符合条件的创业投资机构和科技企业孵化器同样给予补贴，补贴额度为某一企业实际投资额的10%，一家创业投资企业对同一企业投资申请获得的补贴额累计不超过100万元，一家创业投资企业每年的补贴金额不超过200万元。

最后，中关村合作银行或担保公司，根据合作银行或者担保公司为"展翼企业"、年收入 5000 万元（不含）以下"瞪羚企业"，以及年收入 5000 万元（不含）以下"零信贷"企业提供的期限在 6 个月以上的银行信贷创新产品业务、小额贷款保证保险业务以及并购贷款业务规模或者融资担保业务规模，按照每年新增业务规模的 1% 递增。

二　上海市科技型中小企业融资体系经验

1991 年 3 月，漕河泾新兴技术开发区成为首批国家级高新区之一，1992 年，张江高科技园区开始建设，并与漕河泾开发区合称为"上海高新技术产业开发区"。2011 年，经国务院批准成为继北京中关村、武汉东湖之后的全国第三家国家自主创新示范区。2006 年，"上海高新技术产业开发区"整体更名为"上海张江高新技术产业开发区"（简称"张江高新区"），2001 年建立的上海紫竹科学园区和 2007 年设立的杨浦知识创新基地纳入张江高新区管理范畴，形成"一区八园"格局。

（一）时间维

1. 杨浦科创中心融资模式

由上海市科委、杨浦区政府和复旦大学联合发起的杨浦科创中心，为科技型中小企业从种子期到成熟期的不同阶段提供专门的服务支持。

（1）种子期的科技型企业

由复旦大学进行创业教育并挑选有潜力的项目，再由杨浦科创中心对项目进行培育和投资，形成了"大学＋基金会"操作模式。

（2）创业期的科技型企业

杨浦科创中心从中心内部调拨资金为科技型中小企业提供孵化资金贷款，同时杨浦区财政与科创中心共同建立了统借返还形式的委托贷款，逐步形成了"孵化资金＋统借返还"的融资模式。

（3）成长期的科技型企业

杨浦科创中心与银行和担保机构合作，设立了科技型中小企业征信贷款，贷款金额为 200 万—500 万元。2009 年杨浦科创中心以主要发起人身份成立了小额贷款股份有限公司，共出资 2000 万元，放大了企业的融资杠杆。

（4）成熟期的科技型企业

杨浦科创中心开拓融资方式，积极促进企业的并购。2009 年获科技部支持成立了全国唯一的孵化企业试点单位，以 1 亿元注册资本设立了投资公司。

2. 浦发银行全程化金融服务

浦发银行针对园区科技企业在不同成长阶段对金融服务的不同需求，推出了"科技小巨人"服务体系，致力于创新科技企业成长全程服务，根据科技企业成长不同阶段，推出天使联盟、成长联盟、上市联盟和战略联盟，为企业不同成长期提供差异化、特色化、全程化金融服务。

（1）初创期科技型企业

浦发银行有效整合硅谷银行、天使投资、创投基金等各方优势，充分挖掘初创期科技企业自身价值，为其提供全方位服务。配套股权基金项目对接、知识产权质押融资、人才贷等优势产品。

（2）快速成长期科技型企业

浦发银行携手股权基金、政府部门、供应链核心企业、数据平台，共同服务于这类企业，配套投贷联动、贸易融资、集合类融资工具等创新产品。

（3）希望或已经在各类市场上市的企业

浦发银行整合了交易所、券商及其他中介服务机构，建立了合作平台，提供企业上市财务顾问、推荐企业挂牌财务顾问、挂牌企业股份增发财务顾问、股权质押小额贷款等特色产品与服务。

（4）成熟期需要跨越成长的科技型企业

浦发银行提供企业并购财务顾问、航运及大宗商品衍生品代理清算、跨境联动贸易金融服务、非金融企业债务融资工具承销等特色服务，能够有效支撑企业的跨国交易，支持企业发展的全球化。

3. 张江"种子资金"直投项目

从 2013 年起，张江园区设立了种子资金，在张江专项资金中，安排 1 亿—2 亿元资金用于园区初创期、种子期项目的直接投资。截至 2016 年第一季度，已对园区近 300 家企业进行了跟踪研究，已完成投资和现处投资过程中的企业 36 家，单个项目平均投资规模约 500 万元。2015 年上半年度累计完成了 6 个项目的对外投资工作。至 2015 年 5 月底累计对外投资总金额 13273 万元，并带动了超过 6 亿元的社会资本共同参与投资。

4. 天使投资风险补偿

2015 年 12 月 28 日，市科委、市财政局、市发展改革委联合发布了《上海市天使投资风险补偿管理暂行办法》（沪科合〔2015〕27 号），2016 年 11 月 14 日市科委、市财政局、市发展改革委联合发布了《上海市天使投资风险补偿管理实施细则（试行）》（沪科合〔2016〕18 号），对投资机构投资于种子期、初创期科技企业所发生的投资损失，给予一定的风险补偿。在 24 个月的股权持有期限限制内，对种子期的企业，如果清算损失，以 60% 的比例予以补偿，如果转让损失，以 40% 的比例予以补偿；对初创期企业，如果清算损失，以 30% 的比例予以补偿，如果转让损失，以 20% 的比例予以补偿。每个投资项目补偿金额不超过 300 万元，单个投资机构每年度获得补偿金额不超过 600 万元。

（二）方法维

1. 浦发硅谷银行

2012 年 8 月 15 日，国内首家专注于科技企业的独立法人银行——浦发硅谷银行在上海正式开业，这是国内自 1997 年以来首家获得监管部门批准成立的合资银行，也是中国第一家"科技银行"。浦发硅谷银行的经营模式将与硅谷银行类似，专注于为科技创新企业提供金融服务，目标客户锁定为科技创新企业。借鉴美国硅谷银行独特的信贷分析模式，浦发硅谷银行为不同发展阶段的科技型企业提供定制产品和服务。浦发硅谷银行将客户划分为三类，初创到早期：年收入在 5000 万元以下；中期到晚期：年收入在 5000 万—1.5 亿元；大型企业：年收入在 1.5 亿元以上。针对三种不同类型的高科技企业的特点，浦发硅谷银行提供量身定制的金融产品和服务，配备"早期"和"成长期"服务团队。浦发硅谷银行可以充分利用硅谷银行原来与 500 多家 VC、PE 等投资机构建立起来的合作渠道，充分发挥 VC 机构在选择投资项目和为科技型企业提供辅导多种服务的能力。2014 年 6 月，浦发硅谷银行正式"推出债权先行，股权跟进"模式，银行为科技型企业提供贷款支持的同时，硅谷银行旗下的盛维资本同时对企业提供股权投资。在此类业务中，浦发银行只承担 15% 敞口，由上海创业接力融资担保公司进行 85% 的余额担保。浙江中新力合融资担保公司对上述业务进行 50% 的再担保，该模式有效地规避了银行信贷风险，在浦发硅谷银行内部被称为"3 + 1"模式。投贷联动领域的先天优势及丰富的投资经验，使得浦发硅谷银行成功入选中国银监会在 2016 年 4 月所推动的"投贷联动"试点首批十家试点银行。

2. 科技支行

浦发银行、上海银行和上海农村商业银行等均设立专门针对科技型中小企业融资业务的专营机构，对科技金融业务进行授信审批和融资试点业务，3 家银行对科技型中小企业采取了单列信贷计划、单独配置人力资源、单独客户认定与信贷评审、单独会计核算的"四单管理"模式。

浦发银行以"科技小巨人"服务体系为核心，构建以业态跨界、市场跨界、平台跨界和 O2O 跨界为特色的综合服务平台。推出了小巨人信用贷、科技履约贷、合同能源管理未来收益权质押、订单融资、知识产权质押、投贷宝、银元宝、中小企业集合票据等多项创新产品和模式。

3. 股权和分红激励办法

2011 年，张江"新十条"政策中为股权激励试点提出了"代持股专项资金"配套政策，在全国属于首创。2011 年 6 月，上海市政府发布了《张江国家自主创新示范区企业股权和分红激励试行办法》（以下简称《试行办法》），明确企业股权和分红激励试点的范围、激励对象、激励方式和操作步骤等。2013 年对《试行办法》作了修改完善，进一步放宽了参与试点的企业条件。激励试点工作的开展，激发了张江示范区企业的创新热情，留住了核心人才。

4. "信用张江"建设

为提升科技企业融资效率，降低融资成本，张江创新建设了"信用张江"平台，2013 年平台投入使用，与银行、担保等金融机构形成有效对接，截至 2016 年第一季度已有近 2000 家园区企业提交自评报告，出具企业信用他评报告逾 200 份，信用他评数据得到金融机构广泛认可。

（三）政策维

1. 全面系统的政策支持

2006 年后，上海市围绕科技创新领域结合国家出台的 100 多项科技类政策配套落实，先后颁发出台了近 200 项科技政策，为上海张江创新政策体系的形成，奠定了扎实基础，也初步形成了以创新创业工作链为基础的上海科技创新政策框架体系。2011 年 3 月，上海市委、市政府颁发了《关于加快推进张江国家自主创新示范区建设的若干意见》，2011 年 8 月浦东新区推出了《关于推进张江核心园建设国家自主创新示范区的若干配套政策》，出台了股权激励、人才聚集等 10 条配套政策。2015 年 9 月，出台《上海建设具有全球影响力的科技创新中心浦东行动方案（2015—2020）》。2015 年 11 月，上海市政府颁布《关于加快推进中国（上海）自由贸易试验区和上海张江国家自主创新示范区联动发展的实施方案》。数据表明，浦东科技创新政策落实力度不断加大。"十二五"时期，科技发展基金实际支出总额累计达 13.85 亿元，累计资助立项 1 万多项；研发费用税前加计扣除累计近 5000 家次，企业享受加计扣除额约 600 亿元，企业直接减免所得税额累计达 200 亿元。

2015 年 5 月，上海出台《中共上海市委、上海市人民政府关于加快建设具有全球影响力的科技创新中心的意见》（简称22条），正式开启了上海建设全球科创中心的序幕。22条出台后，国家相关部门、上海市各级党委和政府、各单位也陆续围绕重点创新区域政策、创新主体及产业发展政策、创新环境政策、财政与金融政策、人才政策五个方面出台了一系列政策与措施，支持科创中心建设。

2. "引导资金"有效撬动社会资本

从2013年起，张江园区管委会每年在张江专项资金中安排1亿—2亿元，用于引导和集聚国内外创业资本投资园区项目。一是参股各类天使投资资金。设立专门针对孵化企业与苗圃企业的天使基金。二是引导设立张江主导产业的风险基金。联合上海市数字视频基地设立数字产业基金，主要投资方面为数字视频领域，基金总规模2亿元；联合沪江网、上海文化产业基金设立互桂投资基金，主要投资方向为互联网在线教育领域，基金总规模1亿元。三是参股有关产业基金。参股武岳峰集成电路信息产业基金，主要投资方向为集成电路产业领域，该基金首期拟募资30亿元；联合软银中国设立上海软银张江半导体产业基金，主要致力于半导体行业的投资，该基金首期拟募资3.5亿元。

3. 积极支持企业资本市场融资

对于在新三板、股交中心挂牌企业，在股改完成、挂牌阶段分别给予60万元、100万元补助；对公开上市企业，根据股改结束、材料报会和成功发行等三个阶段分别给予60万、120万、120万元补助。政策的出台有效激发了企业进入资本市场融资。

三 重庆市科技型中小企业融资体系经验

（一）时间维

重庆市为支持科技型中小企业融资，不断改善服务措施，致力于满足不同发展程度科技型企业的资金需求。

重庆市2010年正式启动了科技企业创新基金，对于初始成长期的科技型中小企业，给予了很大弹性支持，处于创新研发阶段或者中试阶段的产品，可以获得金额控制50万—100万元的无偿的资助或者贷款贴息；对于成长期的企业，资金支持规模将扩大为100万—200万元的额度。

2017年5月，重庆各级政府、监管机构、金融机构启动重庆科技型企业知识价值信用贷款改革试点，为科技型企业量身打造了一套以知识产权为核心的知识信用价值为基础，叠加商业信用价值的综合授信体系（简称"X+1"综合授信体系）。其中，"X"指的是以知识产权为核心的知识信用价值额度。"1"指的是银行按照自身对科技型企业的评价标准而给予的商业信用额度。在重庆，一家处于种子期和初创期的轻资产科技型企业可以通过"X+1"综合授信体系获得可观的银行贷款。该项业务推出不到一个月时间内，就已经为32户科技型企业提供约4040万元的贷款，为25户出具了贷款意向，平均每个客户贷款额在130万元左右。为了降低科技贷款的成本，重庆市知识产权部门通过"知识产权""研发投入""科技人才""创新产品""创新企业"五大指标，对科技型企业进行精准"画像"，根据专家们的打分，选择优质企业提供基准利率贷款。在风险管理方面，重庆银监局联合重庆市科委、重庆高新区共同设立3亿元信用担保基金。如果银行发放的科技型企业知识价值信用贷款出现损失，80%损失的本金由信用担保基金承担，银行仅承担20%损失。"1"的部分是银行自主的商业判断，若出现问题，银行则自主承担责任。

（二）方法维

重庆市重视融资方式的创新选择，先后与中信银行、民生银行、浦发银行、重庆银行等十多家金融机构为科技型中小企业及其发展项目开辟"授信绿色通道"，共同建设了"科技金融创新服务中心"以及"科技支行"，为其提供了特色的金融服务。各大金融机构为重庆市的科技型中小企业及科技创新能力大提升提供了近百亿元的资金支持。

2016年4月，重庆科技金融集团、重庆科技金融服务中心联合建行重庆市分行等68家银行、创投、科技中介机构、证券、担保公司等共同发起的重庆市科技金融服务联盟正式成立。2016年10月8日，重庆科技资源共享平台正式上线。该平台整合了大型科研仪器、科技人才、研发基地、自然科技资源等 7 个方面的开放共享资源，在全国首次将科技人才、科技金融纳入共享平台。同年 11 月 3 日，重庆市印发《重庆市科技资源共享管理办法》，促进科研设施与仪器等科技资源进一步向社会开放，提高科技资源利用率。基本形成"线上网络平台、线下服务载体、专业服务机构、政策制度安排"四位一体的科技资源共享服务体系。

（三）政策维

重庆市科技创新政策体系不断完善，先后出台了《重庆市科学技术发展资金管理若干规定》、《关于调整重庆科技资源共享平台大型科学仪器资源共享用户测试补贴政策的通知》（渝科委发 2012107 号）、《重庆市大型科学仪器资源共享促进办法》（渝科发财字 200930 号）、《重庆市人民政府关于印发重庆市促进科技成果转化股权和分红激励若干规定的通知》（渝府发 2012116 号）等一批涵盖了税收优惠、财政补贴、基础设施配套等领域的完善的支持科技创新的政策体系。

针对成长期的科创企业，重庆银监局积极联动政府部门建立各类风险担保补偿基金。数据显示，全市各类科技信贷风险补偿基金在保企业超过 1 万家，担保金额超过 400 亿元。重庆北部新区管委会投入 3 亿元（现已增至 10 亿元）设立"两江科技创新专项资金"。重庆农商行与该专项资金合作开发"科技助保贷"，按照不超过专项资金 10 倍比例向科技型企业贷款。"科技助保贷"的核心是银行和政府共建风险分担机制。利用政府增信模式，在破解科技型企业轻资产瓶颈的同时，助推企业自主研发，保证企业高速发展。实现地方政府、企业和银行三方共赢。在具体操作上，由重庆市北部新区管委会把优质的科技型企业介绍给银行，银行再根据独立的审批方式，把信用贷款发放给认可的科技型客户。如果贷款企业一旦出现风险，北部新区将担保代偿本金 40%，最高不超过 1000 万元，银行承担 60%。在该模式下，科技型企业不再需要提供任何担保物，就能得到较大规模的信贷支持。

第五章　构建吉林省科技型中小企业融资体系的路径选择

基于三维结构模型的吉林省科技型中小企业融资体系构建，目标在于实现系统的整体优化，高效运行，确保系统内政府、金融机构、企业和个人等主体及人才、技术和资金等要素形成集聚效应，实现最优化配置，从而使整个系统工程作为一个有机整体高效运转，切实提高科技型中小企业融资的效率和效果，有效实现科技和金融的有机结合，充分发挥金融助力实体经济，为吉林省科技强省战略和科技大市场的构建提供保障。其实现路径的关键在于系统的时间维、方法维和政策维的相互作用、有机融合、合理优化——时间维是空间依据、方法维是手段保障、政策维是核心主导，以政策维嫁接时间维和方法维的桥梁和纽带，促进时间维和方法维的有机结合，从而确保最终目标的实现。

一　时间维是空间依据

时间维主体——科技型中小企业生命周期不同阶段的划分，为系统的运行和目标的实现提供了空间依据。时间维的融资需求主体的生命周期划分为种子期、创业期、成长期和成熟期四个阶段，结合科技型中小企业自身的特点，根据生命周期不同阶段的融资需求特征，优化生命周期不同阶段的融资渠道——种子期：最优融资渠道天使投资，次优融资渠道政府引导基金；创业期：最优融资渠道政府引导基金和风险投资，次优融资渠道银行信贷；成长期：最优融资渠道风险投资，次优融资渠道银行信贷和资本市场融资；成熟期：多层次资本市场融资，次优融资渠道创新型融资模式。

二　方法维是手段保障

方法维主体——资金供给方必须与时间维主体有效融合，以强化融资产品创新为手段，为时间维主体生命周期不同阶段不同融资渠道选择提供有效的支持和保障。具体而言，强化创新银行信贷产品及机制、细化吉交所分层开设科技创新板、积极探索投贷联动投资、拓展债券融资手段、创新融资模式。

三　政策维是核心主导

政策维主体——政府在吉林省科技型中小企业融资体系构建过程中，必须充分发挥政策维主体的核心主导作用，以政策维主体的调控功能有效地化解市场机制自身的信息不对称而产生的逆向选择和道德风险，从而最大限度地解决市场失灵和失效问题，同时，为时间维和方法维的有机结合、有效对接起到平台和纽带作用。具体而言，政策维主体应该建立良好的政企和政金关系，搭建投融资平台，优化投融资软环境建设，充分发挥政府补助的激励效应和挤出效应、强化政府扶持引导、对接资金供求主体，最终实现系统内资源配置的帕累托最优。

综上分析，在吉林省科技型中小企业融资体系建设中，时间维主体生命周期不同阶段的划分，为系统运行和目标实现提供了空间依据；方法维主体融资工具和机制的创新为时间维主体生命周期不同阶段的融资渠道选择与优化提供了手段支持和保障；政策维主体居于系统的核心主导地位，搭建了时间维与方法维之间"信任"的桥梁，生命周期不同阶段的融资需求因政府的参与而得到支持，融资模式和产品的创新实践因政府的参与而得到保障。因此，要建立科技型中小企业融资体系的总工程，只有把这三个维度要素整体优化，融资系统才能得以高效地运转。简言之，三维结构模型的政策维度把时间维度和方法维度有机地连接起来，共同构建出吉林省科技型中小企业融资体系的立体框架如图5.1所示。

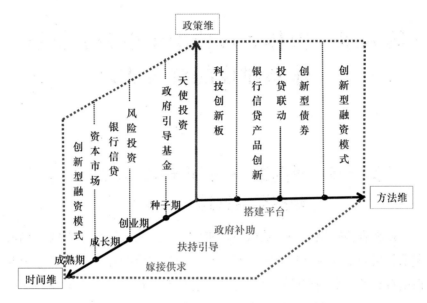

图5.1　吉林省科技型中小企业融资体系构建的路径

第六章 吉林省科技型中小企业融资体系建设的对策建议

第一节 时间维——优化融资需求主体的融资渠道选择

吉林省科技型中小企业融资需求的满足不能仅停留在对资金规模需求的层面上，应该建设一个相对科学的科技金融体系，并引导企业根据自身的生命周期阶段融资特征，有针对性地选择融资渠道，提高融资效率，充分发挥不同资金供给机构的融资作用。

一 明确企业生命周期划分

Berger 等（1998）认为，中小企业的融资需求具有明显的周期特征，应将企业的融资需求与企业的生命周期相结合。张亚春（2008）通过研究中小企业发展规律发现，中小企业应根据自身发展阶段的不同特点制定相应的融资策略。可见，分析并解决中小企业的融资问题，需要根据其所处的生命周期相机抉择。张玉明（2003）在《资本结构优化与高新技术企业融资策略》中对科技型企业的融资模式和融资结构顺序作了较为深入细致的分析，他认为科技型企业的融资模式具有不同的风险，而科技型企业在不同生命周期阶段其企业经营、财务风险也不尽相同，应该选取成本最低、风险最小、预期收益最大的融资模式。对于科技型企业融资优序策略的选择，他认为应该遵循先内部融资、后外部融资，先债后股的顺序，即自筹资金、留存盈利、政策性资金、风险投资、借债（或发行可转换债券）、发行新股的顺序。汤继强（2008）在《我国科技型中小企业融资政策研究—基于政府的视角》提出了科技型中小企业不同生命周期阶段融资的梯度模型，即"内源融资＋政府扶持资金＋风险投资＋债权融资＋股权融资＋改制上市"模式。

科技型中小企业在生命周期的不同阶段具有不同的性质融资需求，在恰当的时机通过合理的融资渠道为其提供资金支持将发挥事半功倍的助推作用。因此，在融资渠道优化过程中，首先需针对企业特点进行深入研究，明确企业在生命周期中所处的阶段。

高松等（2011）对上海市 265 家科技型中小企业发放了调查问卷，通过对注册年限、企业人数、研发人员比例、上一年销售额增长率、组织结构、产品结构 6 个问题的调查统计情况，得出了依据注册年限、销售额增长率和产品结构三个指标界定的科技型中小企业生命周期划分标准指标体系如表 6.1 所示。

表 6.1　　　　　　　　　　　生命周期划分标准

生命周期阶段	注册年限	销售额增长率	产品结构
种子期	0—2 年	10% 以下	单一产品或单一产品系列
初创期	大部分 3—5 年，也有发展比较迅速的是 3 年以下	0—30%	单一产品系列或形成主导产品
发展期	5—8 年	10%—50%	形成主导产品或相关产品多元化
成熟期	8—10 年	10%—50%	相关产品多元化

资料来源：高松《科技型中小企业生命周期划分标准定量化研究——基于上海市科技型中小企业的实证分析》，《科学管理研究》2011 年 4 月。

左俊红等（2011）认为企业的现金流组合特征能表现企业在不同时期的主要特征，企业的盈利和费用大都会通过现金流反映，所以采用现金流组合法对科技型中小企业的生命周期进行了划分。

表6.2　　　　　　　　　　企业生命周期的现金流特征

时期	导入期	增长期	成熟期	衰退期
经营活动现金流量	负	正	正	除前三种组合外的其他组合
投资活动现金流量	负	负	负	
筹资活动现金流量	正	正	负	

资料来源：左俊红《科技型中小企业生命周期的划分及应用》，《山东纺织经济》2011年第10期。

在实践中，有些省市地区根据辖内科技型中小企业的经营情况，制定了相应的标准。比如天津市将认定的科技型中小企业，根据企业规模分为初创期企业、成长期企业、壮大期企业。其中初创期企业年销售收入在500万元以下；成长期企业年销售收入为500万—5000万元；壮大期企业年销售收入在5000万元以上。

综上分析，结合吉林省科技型中小企业成立时间较晚、注册年限不长的客观情况，建议吉林省主要参考企业技术成果转化情况、销售额增长率及企业规模制定标准，指导企业划分生命周期，并将划分结果在科技大市场、科技金融服务平台等公众资源网站进行展示。一方面帮助企业明确自身定位，另一方面通过举办不同生命周期企业的培训及投融资接洽会等，使企业能够高效地找到适合自身发展的融资渠道。

应特别关注的是，在对企业生命周期分期过程中，并不是每一个企业都会经历生命周期的每一个时期，有的企业生命周期特征也并不是非常显著，相关部门必须灵活调整科技金融实施的关键点，注意科技金融的灵活性与适应性，切实发挥对科技型中小企业的支持作用，满足不同特征企业在关键时点的融资需求。

二　优化生命周期不同阶段的融资渠道选择

科技型中小企业在明确生命周期的基础上，结合不同阶段的融资需求特征，探索最优和次优选择的组合融资模式，通过合理选择精准高效的融资模式来提高企业融资效率，改变过去一味单纯追求融资规模的资金支持的陈旧观念，改变漫无目的地寻求资金供给方的做法。

（一）种子期——天使投资＋政府引导基金＋孵化园

1. 种子期融资渠道选择的理论依据

（1）自举融资理论

自举融资（Bootstrap Financing）是指企业所有者避开长期借款、发行股票等传统融资方式，通过协商、分享等和社会交易有关方式，来满足企业资金需求的融资方法（Freear 等，1995）。自举融资鼓励企业所有者发掘个人资源、从亲戚处获得资金、运用个人短期借款、以物易物交易、准股权安排、有效的资产管理、租赁设备、外源生产、需求补贴、寻求补助或资助等融资渠道的利用。即一系列用于满足企业资源需求，而避免正式金融交易的融资方法。Bhide（1992）在《哈佛大学商业评论》里首次提出"自举融资"概念，并将其作为一个独立的研究领域，关注创业企业早期阶段的融资问题。Freear、Sohl 和 Wetzel（1995）将自举融资概念扩展到企业的快速成长阶段，将自举融资定义为"不通过借款或股权融资传统渠道以获取资源的高度创造性的方法"。Harrison 和 Mason（1997）重复了 Freear 等的研究，他们抽样考察了企业的融资方式，发现有 95% 的企业不同程度地使用了"自举融资"方法。Winborg 和 Lanstrom（2001）认为自举融资在没有金融交易的情况下满足了企业的资金需求，强调制度或外部市场金融作为小型或新创企业的解决方案可能是错误的，而自举融资更适合这类企业。根据资源获得方法的取向不同，他们甄别出 6 种不同类型的自举融资，包括内部模式、社会模式以及准市场模式。其中延迟自举融资者、私人自我融资者、自律融资者、最小化自举融资者属于内部模式。关系导向的自举融资者属于社会模式。补助导向的自举融资者运用准市场方法。

Neeley（2003）将其归纳为 12 种方式，每种方式又包括若干具体的来源，12 种方式分别是个人资源、个人短期借款、向亲戚借款、以物易物、准股权安排、合作资源、以顾客为基础的融资、资产或现金管理、租赁、外源、补助和激励、基金资助。

这些融资方式中有些资金获得难度较大，如个人借款、关系资源、以物易物、合作资源；有些方式可融资资金规模较小，如个人资源、顾客融资、租赁；有些方式资金能够提供的时间过短，如现金或资产管理、外源。根据对多种因素的综合分析，获得不同融资方式与种子期企业的融资契合度关系。

表6.3　　　　　　　　不同融资方式与种子期企业的融资契合度

分类	来源	契合度
个人资源	个人储蓄账户	☆
	出售股票、债券等证券资产	☆☆
	出售不动产	☆☆
	不领取工资	☆
	将居住地作为办公用地	☆
个人借款	分期偿还贷款、银行授信、签字贷款	☆
	信用卡贷款、微借款、特许商借款	☆
	抵押借款	☆
	终身保险价值	☆
	个人退休账户取款	☆
	在线信用配对服务等	☆
关系资源	现金管理	☆
	低于市场水平的工资	☆
以物易物	服务和货物交换	☆☆
	有组织的服务和货物交换	☆☆
准股权市场	合伙制	☆☆
	天使投资	☆☆☆
	孵化器、信用增强	☆☆☆
合作资源	设备或实施分享	☆☆
	联合所有	☆☆
	共同购买、顾客分享联盟	☆☆

续表

分类	来源	契合度
顾客融资	预付的许可费或专利权费	☆
	顾客支付的研发费	☆
	信用证	☆
现金或资产管理	商业信用、延迟支付、延迟税收	☆
	透支	☆
	顾客回款加速回收	☆
	最小存货控制	☆
	偷盗控制	☆
租赁	经营租赁和资本租赁	☆ ☆
外源	专业服务、临时雇用	☆
	弹性网络、虚拟公司	☆
补助和激励	直接和间接市政融资	☆ ☆ ☆
	直接和间接大学资源	☆ ☆
	间接大公司	☆ ☆
基金资助	直接资助	☆ ☆ ☆

资料来源：汤继强《中小企业梯形融资模式实务运作与案例分析》，2011 年。

　　根据自举融资不同融资方式的融资契合度关系分析，处于种子期的科技型中小企业主要进行新产品和新技术的研究开发活动，技术风险大，巨大的风险使其在筹集资金过程中只能更多地以创业者的素质、项目的创新之处及未来前景作为吸引投资的主要理由，这与天使投资及政府引导基金的对项目的选择标准吻合度最高。

　　（2）国家创新系统理论

　　1987 年英国经济学家 Freeman 在《技术政策与经济绩效：日本国家创新系统的经验》中提出了国家创新系统的概念，他认为："国家创新系统是公共、私有部门之间的网络。"Patel 和 Pavitti（1994）从决定一国学习新技术的速度和方向的国家制度及其激励机制方面来定义国家创新系统。经济合作与发展组织（1997）在《国家创新系统》明确了国家创新系统下的创新的特性，"创新是不同主体和机构间复杂的互相作用的结果。技术变革并不以一个完美的线性方式出现，而是系统内部各要素之间的互相作用和反馈的结果"。它着重强调创新的"系统"特性，特别是不同机构和部门的相互作用的特点，突出表现在不同类型的创新行为和创新方式相互促进、相互支持，政府、企业、科研机构交流、融合和相互协同以产生最大的创新绩效。Por-ter（1990）在全球化的背景下，把国家创新系统的微观机制和宏观绩效结合起来，他指出创新在宏观上表现为国家竞争力，包括国家技术领先力和综合国力；体现在微观上则是企业的创新实力和单一企业在单一技术方面的领先力，企业是国家竞争力的细分单元，政府则主要做好政策环境的构建工作。

在国家创新系统理论中，除了继续重视技术创新外，知识被视为重要的经济资源，学习是一个重要的社会过程，创造、储存和转移新知识、技能和新技术成为国家创新系统的功能。科技型中小企业是最活跃的技术创新群体，是科技成果转化的主要承担者，在推动科技进步，推进产业升级及经济增长等方面扮演着越来越重要的角色。栗进和宋正刚（2014）认为国家创新系统注重于将各部分要素系统综合，强调系统的重要性，将制度、技术、资金以及人力资本等各个方面调动起来以提高整体创新绩效。赵杨（2010）分析得出国家创新系统中资源的配置，不仅要满足不同创新主体的需求，更重要的是通过有效的配置机制与资源合作模式来加强创新主体间的资源流动与协调共建。李开孟（2009）强调了政府引导基金聚集社会资本，引导资本投向和资金流向的作用。

2. 种子期融资渠道的优序选择

（1）最优融资渠道——天使投资

种子期的科技企业最优的融资方式是天使基金。天使投资者积极追求高成长潜力的投资机会。与专业的风险投资人不同，天使投资人有着丰富的行业及专业知识，皆为企业高管或成功的创业者。天使投资人乐忠于投资处于风险顶端的种子期项目，其投资行为并不完全受回报率所影响。Ramadani（2009）认为是否乐于帮助创业者进行创业也是影响天使投资人投资决策的重要因素。根据 Mzcht（2009）的调查数据显示，约有 2/3 的投资家是考虑投资回报而从事投资行业的，其余投资家则更注重帮助创业者获得成功的社会责任感。但 Mzcht 的调查并没有严格区分投资类型，因此天使投资人作为特殊的投资类别，其进行决策的因素值得深究。Feeney（1999）发现，天使投资人更愿意选择高素质创业者主持的创业项目，而风险投资人在做出投资决策时更注重项目的前景或项目现有的收益。Mason 和 Stark（2004）进行了一项社会实验，根据企业家类型的不同分开进行采访调研，最终得出结论，银行家进行投资决策注重投资机会，并淡化市场和创业者自身起到的作用，呈现出所谓的"锦上添花"而非"雪中送炭"；风险投资人则重视市场和项目的财务状况；而天使投资人侧重于创业者的自身素质，若创业者拥有天使投资人赏识的优点，天使投资人更愿意努力工作并引导创业者取得成功。

在天使投资人参与投资意向方面，李志萍和罗国锋（2014）通过采用 relogit 回归分析，实证发现由于空间距离的增加导致风险投资交易达成的可能性下降，而由风险投资衍生出的天使投资天然地存在着相同问题。倪宁和魏峰（2015）选取了国内真人秀节目中的 364 个样本，有效解决了样本选择问题，并构建实证模型进行量化分析，最终得出创业身份清晰度与天使投资意向具有正向关系的结论。

在天使投资对项目的考察中，项目的利润增长及项目的创新之处是初创企业获得融资的决定性因素。买忆媛、李江涛和熊婵（2012）以及刘督（2016）等学者都着重对项目创新进行了深入探讨。在买忆媛、李江涛和熊婵研究方法的基础上，刘督对样本数据的选取方法进行改进，将专利区分为发明专利、实用新型专利和外观专利，发现天使投资对项目的发明专利申请量具有重要的影响作用。此外，针对天使投资对项目考察后期各环节（包括项目的盈利、生产效率及后期投融资等）影响的研究，赵静梅（2015）、吴超鹏（2012）等在天使投资对上述三个方面所产生影响的观点相同，皆认为存在一定的积极作用。

基于以上研究，结合吉林省自身的发展状况，吉林省科技型中小企业种子期阶段在利用天使投资渠道时，应首选省内的天使投资，缩短空间距离，利用政府非营利机构的融资平台加强资金供求双方的信息交流，增强彼此之间的熟识度及信任度，从而提高获取天使投资的支持概率。相比较天使投资人和企业直接通过金融中介机构实现的对接，一方面会发生一定比例（通常为1%）的中介佣金，另一方面可能会产生道德风险及逆选择。因此利用政府搭建的各种平台发布信息，明确创业者身份及生命周期，使得天使投资在政府的引导下进入企业，提高投资者的投资热情，是更加行之有效的手段，能够提高科技型中小企业的存活率，同时使企业得到一定程度的政策性支持和优惠。

（2）次优融资渠道——政府引导基金

与天使投资相类似的是，政府引导基金对风险的承受能力强，对企业早期的信息披露要求不高，主要关注科技型中小企业的项目计划书和可行性报告等信息资料。天使投资引导基金可以发挥财政资金的杠杆效应，引导天使投资资金流向，在自有资本不足的情况下，政府引导基金支持无疑也是处于种子期科技型中小企业融资的较好的一个选择。只是相较而言，天使投资因其投资人股权结构的简单性，在对创业者前期投入积累的要求上门槛更低，在投资项目创新方向和领域的选择上灵活性更高，在对投资项目的参与流程上更加简化，在投资收益的回报比例及形式上更具有弹性，因此建议种子期科技型中小企业将天使投资作为融资渠道首选，将政府引导基金作为次优选择。

综上所述，根据自举融资不同融资方式的融资契合度关系分析，种子期的科技型中小企业最优的融资方式是天使投资基金；根据国家创新系统理论国家引导基金的引导作用，种子期科技型中小企业的次优选择是创业投资引导基金。两种融资方式门槛均较低，对企业的抵押物等有形资产要求较少，更倾向于注重企业的未来成长性。种子期科技型中小企业在此阶段需要解决的重点问题是，如何将自身的项目理念、技术优势得到更好的展示，与天使投资和政府引导基金形成对接，得到两类资金的青睐。最佳的方式是企业入驻孵化园或众创空间，天使基金和创业投资引导基金共同选取孵化园内项目为孵化阶段的科技型中小企业。天使投资与政府引导基金进行合作，共同选取孵化园内项目并参股。天使投资为项目提供咨询服务，孵化园为项目提供基础设施服务，引导基金为项目提供政策支持，三者形成有机体共同推进创业项目的发展。

（二）创业期——政府引导基金＋风险投资＋银行创新信贷产品

1. 创业期融资渠道选择的理论依据

（1）风险投资理论

1994 年，美国学者 Moore 就提出，处于成长阶段的科技型中小企业由于自身经营风险大，很难从其他渠道取得资金，风险资本成为其解决融资缺口的重要渠道。Ronald Gilson（1998）认为美国高新技术企业融资主要渠道是风险资本市场，此种直接融资是该类型企业最有效的方式。McMaughton（1998）构建了信息不对称模型分析高新技术企业与资金供给方之间在融资过程中的信息失衡问题。由于监管制度不到位，风险投资资金存在投资区域偏见，而企业受到其成长和融资环境的制约，导致高新技术企业融资成本高企，这使得风险资本的投资更加谨慎。赵昌文（2003）通过模型构建了针对科技型中小企业成长性及价值的评价方法，他还认为风险投资是科技型中小企业融资的主要渠道和有效路径。李扬、王松奇和王国刚（2008）从科技型中小企业主体出发，认为风险资本的主要职能就是为该类企业的创业发展提供股权融资渠道并与之形成较高的匹配度。风险资本的融入可以促进中小企业自身治理机制的健全和经营能力的提升。肖昊则（2008）在分析风险资本机制在技术创新过程中的机理的基础上，指出风险资本是企业技术创新过程中不可或缺的"催化剂"。张嘉兴（2000）、陈见丽（2012）指出，风险资本地融入会对中小企业产生资源整合效应、资金配置生产性效应和治理效应。

总之，风险资本的介入不仅可以解决科技型中小企业的资金缺口问题，也可以带来其他非资本效应，推动科技型中小企业的成长。

（2）关系融资理论

关系融资是美国经济学家和银行为了降低信贷交易过程中的信息不对称问题所开发的信贷技术模式。Berger 和 Udell（1995）认为关系是解决银行与企业信息不对称的机制。2002 年阿门在前期研究的基础上，根据银行贷款过程中依赖的信息特征，将信息资料类型归纳为四大类，即财务报表型贷款、抵押担保型贷款、信用评分型贷款以及关系型贷款。其中财务报表型、抵押担保型和信用评分型三种贷款模式的交易是保持距离的市场关系，银行和科技型中小企业之间的关系对交易过程没有直接的影响。银行这三种模式的信贷决策主要依赖的是"硬信息"，是在企业的运营管理方面权重较大的信息，如会计信息、资本运营、科技专利与产品研发、管理架构、权益状况、投资决策、营销测量、生产情况、利润情况、组织情况、人事情况、税收情况等方面的信息。

关系型融资是指银行通过与企业长期和多渠道的接触所积累的企业或者个人的信息而做出信贷决策的模式。这种模式更多地依赖于"软信息"，也称"意会信息"，即在有限范围内依靠特定关系或者经历而获取的信息，如企业家的素质、人品、诚信程度、社会关系网等。银企之间长期、密切的业务合作，企业长期固定地与一两家银行开展业务，使银行对其相关信息掌握的比较全面深入，因此在做决策时，银行不再局限于财务和抵押等硬信息，而更多的参照软信息。美国超过80%的中小企业都有自己的关系银行。德国学者研究结果也显示，德国超过的中小企业与一至两家银行有长期业务关系，其从一家银行的贷款额占其融资总额的30%左右。

在银行和企业的关系上，我国也有很多学者进行了实证分析。曹敏、潘启良和何佳（2003）对广州和深圳两地区6家商业银行的107家客户贷款数据做了调查研究，实证发现企业关系银行和贷款利率呈正向关系。李辉和周好文（2005）采用了广州的136家民营中小微企业的贷款数据，在进行实证研究分析后，发现随着银行和企业交易时间越长，信贷利率会越低，如提供的抵押物价值越高取得贷款的可能性越高、条件越低。李贤文和郭田勇（2006）在对 1363 家中小微企业贷款数据分析后发现银企关系处理得越好，中小微企业越易获得银行贷款，反之亦然。陈键（2008）实证研究发现，银企关系持续的时间、抵押物的多少和贷款利率的高低，这三者正相关。何朝（2010）针对世界银行对中国 2400 家企业的调查数据进行实证研究分析后发现，与企业关系密切的银行数量，和关系密切程度，与企业贷款利率呈现负相关。罗正英、周中胜和王志斌（2011）对中小板企业的信贷数据研究后发现，银企关系与企业获得银行贷款的概率正相关。颜白鹭和阮继龙（2011）通过对长三角地区进行调查问卷分析后，发现银企关系如果处理得较好，就有可能降低企业的贷款成本。

关系型融资中商业银行可以及早发现企业的财务问题，避免高风险陷阱；企业的初次融资和再融资问题可以一步解决，拥有长期资金保障；降低交易双方的信息不对称和交易成本。因此，发展关系型融资是我国当前解决科技型中小企业融资问题较好的方法。

2. 创业期融资渠道的优序选择

（1）最优融资渠道——政府引导基金 + 风险投资

进入创业期的科技型企业，财政资金的作用更加明显，充分发挥政府创业引导基金的杠杆作用，吸引风险投资扩大资本供给，可为企业顺利过渡到成长期提供保障。

中国实践也显示，政府引导基金支持的创业风险投资机构主要投资处于种子期、起步期和成长（扩张）期项目。2015 年，对应投资金额分别占 10.8%、25.8%、52.1%，其中投资种子期的金额占比较 2014 年上涨近 4 个百分点；投资项目数分别占 17.3%、38.1%、39.5%。从投资金额占比来看，2015 年引导基金支持的创业风险投资机构投资行为有所转变，投资种子期的比例大幅增长。与非引导基金支持创业风险投资机构相比，引导基金支持创业风险投资机构仍然更加倾向于投资种子期和起步期等初创期企业，投资于初创期企业的资金占比达到 36.6%，明显高于非引导基金支持创业风险投资机构如图 6.1 所示。

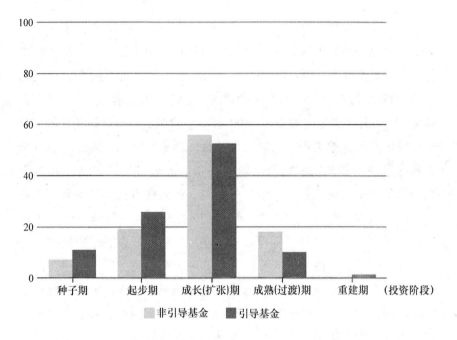

图 6.1   创业风险投资机构投资项目金额所处阶段分布（2015 年）
资料来源：中国创业风险投资发展报告 2016。

一方面，创业投资引导基金为创业期的企业提供有力的资金支撑，一旦企业的科技研发取得商业化开发的成功，就能为投资赚取高额的利润回报，投资者可以在企业发展成熟后通过 IPO 或者企业并购的方式获得资本收益并退出资金，也可以选择持有科技型企业的股权继续获得产品收益。另一方面，"羊群效应"也出现在政府对科技型中小企业的创业投资引导基金上，金融市场上并非所有的风险资本都是具有财务和投资技术的资本，也有相当数量的跟风型财务资本的存在，这些资本缺乏专业的尽职调查团队和具备财务决策能力的引导者，政府性质的引导基金的杠杆作用在于可以带动相当可观的其他金融资本进入科技型中小企业，增加投资者队伍的资金实力。因此，应积极利用政策的有利条件发挥政府引导基金的杠杆作用，全方位、多角度的吸引社会资本。

（2）次优融资渠道——银行创新信贷产品

创业期企业生产处于扩大化的扩张阶段，企业的产业化进程明显，经常面临很大的资金供求缺口，限制企业规模的扩张，在广泛利用政府引导基金及风险投资资金的基础上，企业也应积极寻求商业信贷资金的支持。由于此阶段企业尚未形成大规模的生产与销售局面，也缺乏足够的抵押物价值，因此应主要利用关系融资，借助科技园区、孵化园、众创空间平台与其引入的战略协议银行，以及入驻的科技银行多渠道接触，更多地展示企业的软信息，提升企业信用度，逐渐的建立长期、密切的业务合作关系。在此基础上申请知识产权质押贷款、订单贷款、仓单贷款、应收账款贷款以及信用贷款等创新信贷产品，弥补企业融资缺口。并为后续的成长打下良好的业务合作基础，以期获得银行信贷资金的长期、稳定的资金支持。

综上所述，创业期是科技型中小企业的重要转型期，企业应积极寻求政府引导基金的支持作为最优融资渠道，并在此基础上形成引致效应，与创业风险投资资本形成对接，利用其资金支持投入研发使科技成果尽快实现商品化转变，购买企业进一步生产所需厂房、机器设备、生产线等，配合广告宣传及营销手段，抢占市场先机，占据行业技术前端，创造并保持市场先入者的姿态和优势地位。以银行创新信贷产品作为次优选择，一方面弥补本阶段的资金缺口，另一方面通过先期接触，与银行建立良好的合作关系，为争取后续资金支持奠定基础。

（三）成长期——风险投资+银行信贷资金+资本市场融资

1. 成长期融资渠道选择的理论依据

依据股票公开上市融资时机选择理论，对于成长期的科技型中小企业而言，股票上市能够从资本市场取得成本较便宜的资金，增加公司筹资渠道，提升公司知名度与形象。同时，通过公开上市还可以为风险投资公司提供退出渠道，从而增加科技企业的自身控制力。但是，如果企业在股票市场整体表现不佳的时候上市，则会影响股价表现，进而影响公司筹措资金的规模。Ritter（1991）研究了1975—1984年的1526家在美国公开上市的IPOs，分析了企业上市之后的长期绩效表现。他用发行首日报酬衡量期初报酬，用累积异常报酬反映长期绩效，选取期初调整报酬、公司成立时间、市场报酬、每年 IPOs 的数目和产业虚拟变量为自变量，运用多元回归分析法来解释 3 年累计异常报酬。企业发行规模越小，平均期初调整报酬越高，其长期绩效表现越差，期初调整报酬与长期绩效呈负相关关系。初次公司上市公司成立时间越短，期初调整报酬越大，其长期绩效表现则越差。但是由于投资人的不理性，投资人在评估成立时间较短、较年轻的成长公司未来获利能力时，会较为乐观，基于产业较高的本益比或市价对净值比，或追捧短期市场流行一时的行业板块，因此成立时间较短、较年轻的成长公司可以通过"机会窗口"获得利益。Lerner（1994）研究了从 1978—1992 年的 350 家有风险投资公司介入的未上市高科技创业企业，探讨风险投资公司能够在股市价值高的时候辅助创业企业 IPO；在股价低迷的时候，采用私募方式取得资金，也就是说风险投资公司对高科技创业企业 IPO 具有时机选择的帮助。Lerner 采用 Wilcoxon 分析法，分析公司使用 IPO 或私募取得资金的不同。得到实证结果为风险投资公司具有择时能力，能在股市价值高的时候，扶持被投资公司 IPO；在股市价值低的时候，采用私募筹资方式，为被投资公司筹措营运资金。风险投资公司具有在股市短期相对高峰之时，将股票公开上市的能力，有经验的风险投资公司，更能精确掌握股票初次公开上市的时段。

2. 成长期融资渠道的优序选择

（1）最优融资渠道——风险投资

成长期的科技型中小企业具有高风险与高回报的特性，与风险投资者对高风险与高回报的偏好不谋而合。处于成长期的科技型中小企业技术风险较小、市场前景明朗、企业成长空间大，风险资本介入会为其带来较高的利润回报以及非资本效应，因此风险资本融入模式成为科技型中小企业在这个阶段的最优选择。中国的创业风险投资现状也充分证实了风险资本更青睐于成长期的中小企业，公开上市前的 pre-IPO 是其投资的重点如图 6.2 和图 6.3 所示。

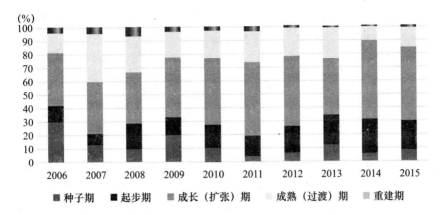

图 6.2　中国创业风险投资项目所处阶段分布（2006—2015 年）
资料来源：中国创业风险投资发展报告 2016。

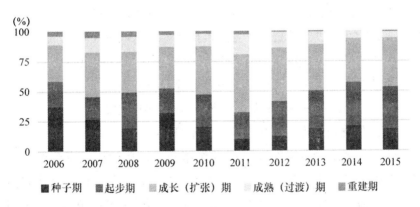

图 6.3　中国创业风险投资金额所处阶段分布（2006—2015 年）
资料来源：中国创业风险投资发展报告 2016。

（2）次优融资渠道——银行信贷资金 + 资本市场融资

进入成长期的企业呈现出规模扩张的发展态势，具备一定的固定资产和无形资产，抵押贷款条件不断满足，商业资本的选择性明显增强，银行的放贷意愿也大幅增长，企业可以广泛从商业银行及其他开展贷款业务的金融机构获得信贷支持。

区域股权市场和产权交易市场的发展也为科技型中小企业技术成果的转移提供了相应的平台，企业一些自身无法商业化开发的技术成果或者不具备规模效益的研发成果可通过产权交易市场寻找合理的出口，进行早期转化形成另一种资金收益。

这一时期发展比较规范的科技型中小企业还可以通过登陆区域股权市场、新三板、创业板或者在海外上市进行融资，科技型中小企业的高成长性满足很多风险偏好型投资者的青睐，实现 IPO 可以得到资本市场的资金供应，实现风险投资的退出，同时也为进入成熟期后转向主板市场搭建一个通道，提供未来升板的可能性。

综上所述，成长期的企业可选择融资渠道大幅增多，企业在融资过程中考虑的主要因素不再是是否能够融到资金的问题，而是融资成本的高低、融资规模的大小以及融资效率的快慢。基于这三个主要考量标准，此阶段的企业最优的融资渠道即灵活高效的风险投资资金，同时此阶段商业银行的信贷资金受国家宏观调控政策的引导，布局小微企业，因此提供的信贷方式更加多样化，利息成本相对较低，可以作为次优选择。成长较快、管理较规范的企业可以通过区域股权市场、新三板挂牌，在创业板、中小企业板升板上市。

（四）成熟期——多层次资本市场融资 + 创新型融资

1. 最优融资渠道——多层次资本市场融资

进入成熟期，多层次资本市场作用凸显，从债权融资到股权融资，无论是场外转让市场，还是交易所市场，都将更大限度地满足企业的融资需求。经过成长期的过渡，科技产品的市场份额的增加形成企业内源性资本的积累，其获得社会资金的渠道因而更为丰富。处于成熟期的科技型中小企业商品信息、信用信息和财务信息积累多，信息生成机制和信息披露机制健全，新三板挂牌融资和创业板、中小企业板上市融资是其重要途径。

巴曙松（2003）、刘曼红和王国刚（2003）等认为发展完善多层次的资本市场体系、拓宽中小企业直接融资渠道是缓解科技型中小企业外源融资困难、渠道狭窄的有效路径。而王宜四则直接以多层次资本市场为解决科技型中小企业融资难问题有效路径的研究起点，探讨建立产权交易所，通过"统一互联"的多市场主体模式解决中小企业融资问题。

企业在融资上市过程中，需要注意到股权性质的融资一定程度上会分散企业的控制权，而债务性质的融资不会稀释企业的控制权，只是对企业流动性和偿债能力保证要求相对较高。因此企业应充分利用多层次资本市场的各种资本，协调其发挥作用的空间，为科技创新提供最为合适的资金支持。

2. 次优融资渠道——创新型融资模式

处于成熟期的科技型中小企业，业务量较大、增长较快，在业务的发展过程中与其他企业建立了较为稳定的商业关系，形成了上下游之间较成熟的供应链条，所以成熟期企业可以发挥核心企业作用，选择以团体企业为贷款对象或者以供应链为融资主体的创新型融资模式，解决单家科技型中小企业贷款困难、贷款额度低等问题，形成集群效应，如大企业担保模式、产业园区融资模式、网络联结融资模式、供应链融资模式等。

因此，成熟期企业在生产和销售方面发展到巅峰状态，占据稳定的市场份额，盈利较为持续，并且具备良好的企业声誉，因此谋求多层次资本市场的挂牌上市以及债券融资，是这一阶段的最佳选择。但是同时，由于科技的不断发展更新，该阶段的企业可能同时会面临新技术的研发或者其他企业新技术、新产品的支持，这时，成熟期企业可以发挥在产业链或企业群中的核心作用，与上游处于种子期、创业期的企业共同组成融资团体，借助创新型融资模式融资，推动企业群的整体发展壮大，推动新技术新产品的不断研发和应用。

综上所述，吉林省科技型中小企业融资过程中应该遵循股东先投资，然后引进天使投资、政府引导基金及风险投资基金，之后由股东回购股权，随着产品项目的落地由银行提供贷款，担保公司介入，最后企业的融资渠道变成多层次资本市场直接融资的融资顺序。可参照图6.4的模式展开。

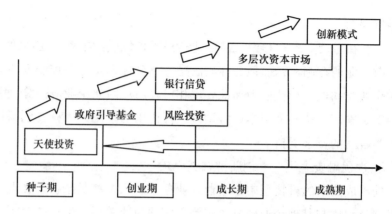

图6.4　科技型中小企业生命周期融资模式选择

第二节　方法维——深化资金供给主体的融资产品和机制创新

　　方法维方面，吉林省已经初步形成了多种融资机构齐备，多种融资工具较为健全的供给局面。但是整体来看，形式大于实质，很多融资机构提供的产品或工具不能与企业需求形成良好的对接，缺乏有针对性的细分产品。因此，融资机构应该进一步根据科技型中小企业在不同阶段所表现的经营特点、管理目标、市场表现等，建设适应本阶段的科技金融体系，使企业科技金融环境得以优化、科技金融效用得以切实发挥。

一　创新银行信贷产品及机制

（一）基于企业生命周期创新信贷产品

　　由于不同生命周期阶段的科技型中小企业，能够提供的抵质押物不同，信贷资源千差万别，因此国内外先进银行大多纵向同步企业生命周期需求特征，开发了适用于不同生命周期阶段的信贷产品。

　　在借鉴国内外先进经验的基础上，部分相对落后地区的地区银行也创新了相应产品。如徽商银行针对科技型中小企业成长阶段，销售额实现情况，精准分期，开发了初创型企业"春芽360"，成长期企业"成长360"以及成熟期企业"硕果360"系列贷款。

表6.4　　　　　　　徽商银行生命周期信贷产品创新情况

阶段	初创期：春芽360	成长期：成长360	成熟期：硕果360
销售额	成立时间2年以内；销售额小于500万元	销售额小于10000万元	销售额小于20000万元
产品	易创贷	小企业快捷贷	小企业固定资产购置贷
	订单贷	易宝贷	专利权融资贷
		创易贷	商标专用权质押贷款
		应收账款质押贷	仓单质押
		中小进出口企业专项贷款	股权质押贷
		政府采购贷	
		税捷贷	

资料来源：安徽省股权托管交易中心公开信息整理。

对于种子期的企业，徽商银行提供的贷款总的特征是额度小，主要基于企业产生的订单。对于成长期的企业，徽商银行主要在两个方面进行了创新，一方面是创新抵质押物，包括对不足的优质抵质押物进行杠杆倍数放大，引入担保公司担保，以企业应收账款作质押，以企业纳税金额作为放贷依据进行杠杆倍数放大。另一方面通过不同方式筛选优质企业，如省商务厅、财政厅推荐的中小进出口企业，政府采购项目中标企业。对于成熟期的企业创新了专利权、商标专用权、仓单以及股权作为质押物。

生命周期信贷产品的创新，使科技型中小企业能够明晰的根据自身规模以及抵、质押物情况，向银行提出贷款申请，避免了企业的有病乱投医行为，消除了企业被银行拒贷还不知原因的困惑。吉林省科技银行也应结合科技型中小企业生命周期的特征，创新相对应的信贷产品。

（二）基于企业拥有资源创新信贷产品

科技型中小企业具有固定资产少、无形资产多的资产特征，传统的信贷产品不能满足企业的融资需要，因此必须开发出适合科技型中小企业的信贷产品。在银监会出台的多项政策指引下，国内银行通过金融创新，开发推出了多种信贷产品来解决科技型中小企业贷款融资难的问题。吉林省科技银行应自动加强与融资企业间的业务联系，提高双方信任基础，结合企业经营特色开发基于企业信用水平、资产、潜在收益等信贷产品，以及融合多企业、多环节、多流程、多种形式的综合性金融产品，并通过商业银行贷款证券化缓释金融风险。

1. 基于企业信用创新金融产品

信用贷款是科技型中小企业融资的一种金融产品，但是此类贷款的前提条件往往需要科技型中小企业具有较高的信用评级，在中国外部信用评级制度相对滞后，尤其是没有出台专门针对科技型中小企业特征的信用评价体系的背景下，依靠外部评级获得贷款的难度相对较高。因此目前市场上推出的针对科技型中小企业的贷款大多都强化了关系融资的特征，由商业银行向科技园区内企业发放贷款；或针对政府相关部门推荐的企业发放贷款；或针对已经形成一定规模的科技小巨人发放贷款。如华夏银行在深圳市推出的"高新企业信用贷"，高新区注册或经营3年，具有《高新技术企业认定证书》且销售收入达到一定水平的企业，可获得200万元的信用贷款。交通银行北京分行设立了4家支行，服务中关村科技金融企业、高新技术企业集聚区、西部科技园区、电子城科技园、"798"文化创意园区内入驻企业，并针对中关村示范区内企业开发了的小微企业信用贷款"信融通"产品。兴业银行推出以信用免担保方式为新三板挂牌及拟挂牌企业提供最高额1000万元的融资支持的"三板贷"。汉口银行业推出针对新三板挂牌企业的贷款，在"中国光谷"，近50%的新三板挂牌企业都与汉口银行有业务往来。上海市科委与浦发银行合作在2011年推出的基于科技小巨人企业特点的信用贷款产品"科技小巨人信用贷产品"，其中小巨人企业贷款上限1000万元，小巨人培育企业贷款上限500万元。

吉林省科技银行也应积极利用科技园区、孵化器、众创空间等平台开发多种形式的信用融资产品。在信用融资产品开发过程中，借鉴中关村科技园区自主对园区内科技型中小企业信用评定的方法，降低企业融资门槛，通过与企业之间建立持续的客户关系，跟踪企业生产经营状况，加大信用融资产品的扶持力度。基于瞪羚计划的系统性、灵活性和较强的针对性，目前苏州、杭州、西安、武汉、台州、济南、泉州等城市均已实施该项计划。吉林省也应在对科技型中小企业灵活评星分级后，仿效展翼计划和瞪羚计划提供多种信用融资贷款支持。

2. 基于企业资产创新金融产品

（1）知识产权质押贷款

①知识产权质押贷款的发展状况

知识产权质押融资是指由债务人或第三人以特定的知识产权向债权人出质用于担保债权的实现，并因此获得融资的借贷行为。它从本质上也是一种融资方式，可以很好地适应科技型中小企业不能提供土地、厂房和机器设备等质押物的特点。但由于知识产权质押物的流动性和变现能力较低，与商业银行一般担保物存在较为显著的区别，因此，该种融资模式具有一定的特殊性。

近年来，为加快科技型企业发展，提升科技型企业融资能力，在国家相关部门大力倡导下，各地积极探索开展知识产权质押融资业务。2008 年 12 月，国家知识产权局在广东省东莞市举办了中国专利奖励制度暨中小企业创新发展研讨会，通过贷款贴息和加大中介服务力度等方式，引导金融机构积极开展知识产权质押融资，提升服务科技型企业能力，北京、长春、湘潭、佛山、宁夏和南昌 6 城市获得首批全国知识产权质押融资试点资格。2009 年和 2010 年，国家知识产权局先后两次批复了知识产权质押融资的试点城市名单，试点城市总数扩展到 16 个，并有 24 家商业银行和 16 家担保机构直接参与专利权质押融资，2013 年知识产权质押融资金额实现爆发式增长，全国共有 29 个城市开展知识产权质押融资试点。2017 年上半年，全国新增专利权质押融资金额达到 318 亿元，同比增长 92%；质押项目数 1493 项，同比增长 41%，实现了快速增长。辽宁、江苏、山东、北京、天津 5 省份专利权质押融资金额位居前列，山东、陕西、安徽、江苏、广东专利权质押项数目排名前五。

②吉林省知识产权质押贷款的模式选择

中国知识产权质押融资按照质押物的质押方式以及政府的参与程度形成了直接质押融资模式、间接质押融资模式和混合质押融资模式多种业务模式。

A. 直接质押融资模式

直接质押融资模式是指科技型企业直接以知识产权作为质押物从金融机构获取贷款的融资方式。该模式由北京市首创，故也被称为"北京模式"。2006 年，北京市部分金融机构开始探索知识产权质押贷款。交通银行北京分行向科瑞生物制药公司发放了 150 万元的贷款，成为中国首例知识产权质押贷款，打破了传统的担保模式。在该笔知识产权质押贷款业务中，交通银行引入了专业资产评估机构、律师事务所和担保机构，共同组成评估小组，负责该项贷款的评估、审核和风险承担。其中，资产评估机构负责对知识产权的市场价值进行评估；律师事务所负责审核知识产权是否存在法律纠纷。两家机构分别连带承担对应风险评估、审核失误所造成的损失。担保机构对企业进行贷前调查，并依据企业资信状况判断是否提供担保服务，贷款发放后，如果企业不能按时归还贷款，担保公司将连带承担还款义务。资产评估机构、担保机构和律师事务所共同负责知识产权的后续处置事项，将处置所得对担保公司代偿的损失进行抵补。北京市政府相关职能部门对知识产权质押品种加以细化，制定专门的扶持政策，以确保政策可操作性。

该种模式中，政府介入相对较少，主要依靠金融机构、科技型企业和相关服务中介通过市场化手段开展业务，资产评估机构、法律事务机构和担保机构等中介机构全程参与质押贷款的评估、审查和监控事宜，一旦出现企业贷款违约，中介机构将承担全部风险并负责对不良资产进行处置，因而商业银行风险降到极低，是一种"政府宏观调控为辅的市场化科技金融模式"。

但是由于企业在申请贷款过程中，需要承担评估费、中介费和担保费等相关费用，因此综合费率达15%以上，处于种子期和创业期的科技中小企业一般难以承受这一成本。

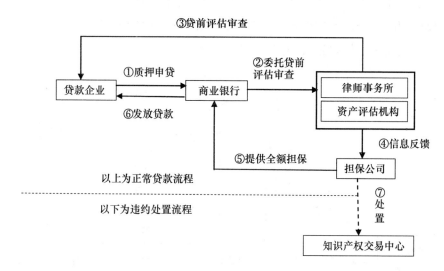

图6.5　直接质押融资模式

B. 间接质押融资模式

间接质押融资模式是企业将知识产权反担保给政府出资设立的担保机构，由该担保机构承担主要担保责任并从商业银行获取信贷资金的模式。

该模式的典型代表为上海市浦东新区，故也被称为"上海模式"。上海浦东新区科技委员会成立了上海市浦东生产力促进中心，该中心隶属于上海市科技发展基金，该中心每年从上海市科技发展基金获得资金支持2000万元，同时商业银行按照1∶2的比例，投放4000万元信贷资金。上海市浦东生产力促进中心作为专业担保机构，承担为中小企业知识产权质押融资业务提供担保的责任。从实际运营情况看，该中心对科技型企业贷款的担保比例超过95%。与此同时，浦东知识产权中心向科技型企业提供一系列中介服务，如相关知识产权的评价估值和质押登记等。

这种模式中地方政府职能部门承担了担保、评估、补贴和风险承担等多个角色，是推动知识产权质押融资业务开展的主要力量，是一种"市场运作为辅，政府宏观调控为主的计划体制模式"。该模式没有引入律师事务所和评估机构等专门的中介服务机构，政府对知识产权质押融资贷款的担保比例占绝大部分，承担了主要风险。对政府财政资金而言，风险较大如图6.6所示。

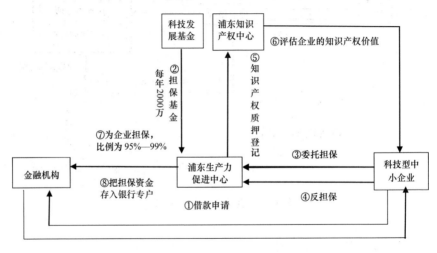

图6.6   间接质押融资模式

C. 混合质押融资模式

混合质押融资模式是在吸收和借鉴了直接质押融资和间接质押融资两种模式特点的基础上建立起来的。在这一模式下，企业既可以通过向商业银行质押知识产权直接获取信贷资金，也可以通过将知识产权反担保给专门的担保机构，由担保机构承担担保责任并从商业银行获得贷款。

2008年，武汉市创新开展了"政府引导，中介协作，银企双赢"

的混合型知识产权质押融资模式。武汉市知识产权局负责项目的审核立项工作；武汉市知识产权局联合市财政局对专利权质押贷款提供贴息支持，财政局负责发放贴息资金，并与知识产权局共同负责监督检查，确保专款专用；武汉市知识产权局选择成长性好、潜力大的科技型企业，优先向交通银行湖北省分行进行推荐，并负责资产评估、法律认定、权利转让等中介服务工作；武汉科技担保有限公司作为专业的担保机构，承担担保业务，通过未上市公司股权、应收账款、专利权和著作权等方式作为反担保手段；交通银行成立知识产权质押融资业务专业支行，专门负责该类贷款项目，并与相关专业机构共同搭建知识产权质押融资平台如图6.7所示。

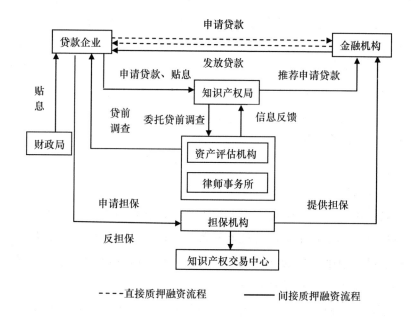

图6.7　混合质押融资模式

上述模式每一种都有其相应的弊端，所以一些省市在业务开展过程中将几种模式结合使用。

重庆市将"政府补贴融资成本型"和"政府出资分担风险型"

两种模式进行了融合。政府主要扶持中介机构和建立风险补偿机制，同时采取"政府＋银行＋知识产权评估机构＋融资担保机构＋贷款保证保险机构"的"多方联合质押贷款"方式，银行则通过知识产权与实物产权结合质押以及保险等方式来分散风险，通过多方风险分担机制，将企业承担的风险控制在10%以内；深圳市以知识产权局为主的相关部门在全国首创了知识产权质押融资再担保体系。该措施从机制、平台、评估、放贷、担保、交易、配套服务、推进保障8个方面推动知识产权质押融资工作，为创新型中小企业发展解决资金问题。知识产权质押融资再担保业务模式下，深圳市再担保中心为全市的知识产权质押融资业务提供再担保，再担保中心、融资性担保机构、商业银行按照5：4：1的比例共同承担贷款风险；天津市采取"组合抵押"的方式，将知识产权与实物混合打包作为抵押物；江苏省采取"关系型贷款"方式，由政府推荐优质的、信用等级高的、经济效益好的企业给银行。

综合知识产权质押融资的模式及发展经验，结合吉林省实际情况，吉林省应采用混合知识产权质押模式，政府在建立风险补偿机制的前提下承担一部分的资金投入，承担一部分风险，给予一部分融资补贴。

（2）股权质押贷款

①股权质押贷款发展状况

股权质押贷款是融资方以股份为质押物获得贷款资金的方式。一些科技型中小企业虽然没有机器设备、土地厂房等固定资产，但是企业股权结构清晰，发展前景看好，因此银行根据科技型中小企业的这个特点，推出了股权质押贷款。

随着新三板市场一级市场定增的萎缩，利用股权质押融资受到了挂牌公司的欢迎。2015年和2016年，股权质押贷款的数量和余额迅速增长。Choice数据统计，2016年新三板企业股权质押共进行3221次，是2015年1046笔的3倍。从参与股权质押的挂牌公司数量占比分析，2015年仅有469家挂牌公司涉及股权质押，占市场挂牌公司总数的9.14%；2016年共有1345家挂牌公司涉及股权质押，占市场挂牌公司总数的比重上升为 13.23% 如图 6.8 所示。

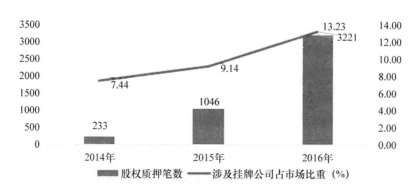

图 6.8　新三板股权质押情况

资料来源：东方财富 Choice 数据。

从质押人类型分析，在 2016 年进行的 3221 笔股权质押中，接近六成的质押人为挂牌公司实际控制人。根据中国登记结算公司的数据，截至 2017 年 8 月 4 日，沪深两市上市公司共 23.46 万笔股权质押贷款，5202.27 亿股。按上市公司当日收盘价计算进行统计，这些质押股权的市值总余额 5.70 万亿元。这些贷款中，有 1035 家上市公司大股东质押股权占总股本的比例超过 20%，115 家上市公司超过50%，质押股权普遍占据了这些上市公司大股东持有的绝大多数股份。

从质权方类型分析，保险、担保、保理、小额贷款等非银行金融机构是 2016 年新三板股权质押的主要对象。根据东方财富 Choice 数据统计，在 2016 年 3221 次股权质押中，1295 笔股权质押的质权方为非银行金融机构，其中包括保险、担保、保理、小额贷款等。银行是仅次于非银行金融机构的主要质权方，2016 年发生的 1266 笔质押的质权方为银行。再次，非金融公司、自然人、财政局等其他机构也是新三板股权质押的质权方如图 6.9 所示。

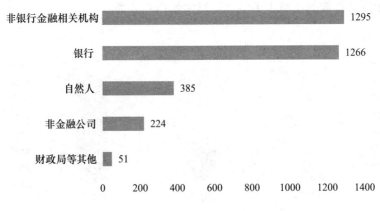

图6.9　新三板股权质押质权方类别（2016年）

资料来源：东方财富 Choice 数据。

②吉林省股权质押贷款风险防范

股权质押贷款业务可以为科技型中小企业解决资金短缺的燃眉之急，但是由于股价波动性的存在，该业务对质权方来讲风险相对较大。吉林省战略合作银行和科技支行开展此类业务时，应重点防范风险，在安全框架内适度拓展业务。防范措施包括：第一，严格限制股权质押贷款总量和比例。国际上各国均对股权质押贷款设置单笔贷款止损线。如日本大和证券设置为不超过10亿日元（约合人民币6000万元）。吉林省内银行应结合省内企业规模实际情况设置贷款总量上限、单笔贷款止损线以及质押率。目前国内大多数银行将市盈率为50—100倍的企业，设置质押率为35%，市盈率超过100倍的企业，设置质押率为25%。第二，建立增信机制缓释风险。2017年7月山东省财政厅出台《山东省区域资本市场股权质押融资增信引导基金管理实施细则》，支持设立总规模10亿元的全国首家股权质押融资增信基金。增信基金按照"政府引导、多方合作、银行增信、释缓风险"的原则，通过"政银企"合作机制由齐鲁股权交易中心和山东省财政厅与各地政府共同出资设立，采取股权质押方式，为齐鲁股权交易中心挂牌及托管企业申请银行贷款提供增信服务，通过银行放大5倍左右，向挂牌企业提供纯股权质押贷款，平均每家 300 万—500 万元，贷款期限不超过 2 年。吉林省也可以参照此模式成立相应的增信基金，通过基金担保为企业放大杠杆，提供相应的股权质押融资服务。第三，积极处理无法回收的股权质押贷款。当上市企业经营状况确实出现问题导致股权质押贷款无法顺利偿还时，银行应该采取措施积极应对，及时在场内或者场外转让股权，要求上市公司追加抵押物。同时密切关注证券市场股票价格的变化，及时排查风险，在股权质押贷款风险尚未产生较大影响的时候积极处理，避免潜在风险的堆积引起该项业务风险的集中爆发。

3. 基于企业潜在收益创新金融产品

（1）订单、仓单、应收账款质押贷款

针对一些科技型中小企业，市场前景好、有订单、仓单和应收账单的情况，很多银行推出了订单、仓单和应收账款质押贷款。

订单质押融资以核心企业的订单质押为基础，由物流企业、借款企业和银行签订三方融资合约，充分发挥物流企业的监控作用，保证贷款资金在封闭资金账户的运行；仓单质押融资要求申请人将其拥有完全所有权的货物存放在银行指定仓储公司，并以仓储方出具的仓单在银行进行质押，作为融资担保，银行依据质押仓单向申请人提供用于经营与仓单货物同类商品专项贸易的短期融资业务；应收账款质押贷款要求企业将其合法拥有的应收账款收款权向银行作还款保证，但银行不承继企业在该应收账款项下的任何债务的短期融资。

吉林省内银行应结合企业特征，创新提供订单、仓单及应收账款质押贷款。同时，由于质押贷款传统模式需要有核心企业提供信用担保，第三方物流企业监控融资企业的物流及资金流，操作成本较高，可以考虑利用线上平台服务降低融资成本。线上模式借助于电子交易信息平台，利用第三方监管账户作为企业资金回流的渠道，将融资企业的订单资金、仓单资金或应收账款资金冻结，然后将冻结资金和初始保证金投资于货币基金等风险较小的理财产品，理财收益返还给下游采购商、仓储公司或债务人，以最大化降低在途资金成本。

（2）政府采购贷款

政府采购是世界各国政府支持本国中小企业的一种有效措施。根据 2012 年中国财政部、工信部出台的《政府采购促进中小企业发展暂行办法》，中小企业获得的政府采购须占本部门年度政府采购项目预算总额的 30% 以上，其中，小型和微型企业的比例应该不低于 60%。因此，很多科技型中小企业可以入围政府采购名单，获得政府采购的订单。银行根据企业的这个特点，推出了政府采购抵押贷款。

4. 基于企业经营业务创新金融产品

针对科技型中小企业的经营特征和金融诉求，依据企业所处成长阶段和行业领域，很多银行开发了包含多种金融产品的组合信贷，以满足不同类型企业的需求。比较典型的产品有上海浦发银行针对科技型中小企业的融资工具"信贷融""集合融"和"成长融"；交通银行北京分行开发的"视融通"——影视版权供应链融资服务，该服务方案包含以下产品系列：国内回购型保理业务，应收账款质押担保贷款，应收账款质押与版权质押组合担保贷款，应收账款质押、版权质押与固定资产抵押组合担保贷款，固定资产抵押贷款，版权质押贷款，信用贷款。吉林省科技银行也应尝试开发包含多种金融产品的组合信贷。

5. 基于企业合力创新综合性金融产品

吉林省科技型中小企业数量众多，建立科技型中小企业集合打包贷款，由一定数量的企业形成贷款资金池，形成互相担保、互助还款的关系，可以在解决企业贷款融资的同时，增强企业集合的资金偿付能力。因而吉林省科技银行也应在开发企业合力的基础上尝试创新综合性金融产品。

（1）大企业担保贷款

大企业担保贷款可以发挥集群融资的信息优势和信任优势，进而提高融资效率，但大企业担保模式需要对大企业的担保情况进行详细核查，以免过度担保。同时，这种模式建立在大企业和中小企业密切协作且相互了解的基础上，其适用范围相当有限。

（2）产业园区融资

该模式下，产业园区内的企业作为一个整体向商业银行进行融资。由于园区内企业的布局具有一定的盲目性，其业务关联度比较低，因此仅仅通过空间的集聚并不能产生信息优势和信任优势。

（3）网络联保融资

网络联保融资将团体贷款的优势和互联网的优势相结合，以第三方电子商务交易平台为网络信息披露主体和信用监督主体，团体企业之间在信任、信息公开共享的基础上，进行自我选择，承担连带责任和横向监督责任。通过网络化的运营有效缓解信息不对称问题，克服科技型中小企业抵押品不足的弊端，提高融资效率。

（4）科技金融供应链融资

供应链融资模式下，供应链节点上的企业，依托核心企业的信用向商业银行进行融资，解决供应链上下游中小企业的融资问题，同时推动供应链上产品、信息的流动，从而增强整条供应链的效益。供应链融资模式使银行能够借助供应链核心企业的资信、真实贸易行为产生的现金流以及第三方物流企业的监管来降低其对中小企业提供信贷的风险。供应链融资已成为解决我国中小企业融资难问题的一个有效途径。

在线供应链金融可以进一步降低融资成本，提高融资效率。在线供应链金融在传统供应链金融的基础上发展而来。传统线下供应链金融为"1＋N"模式，由银行根据核心企业"1"的信用支持，实现对供应链上、下游"N"企业的融资；在线供应链金融借助于电子交易平台，实现线下供应链金融的线上化，将银行与核心企业的数据有效对接，促进供应链金融融资效率的大幅提升。一站式"N＋1＋N＋M"供应链金融模式，形成由电子平台（N）、商业银行（1）、供应链上下游企业（N）和信息化条件下的第三方物流服务企业（M）组成全新的融资体系，该融资模式依托一站式服务平台，为科技型中小企业的交易流程提供一站式的金融服务，提高融资效率。

6. 创新商业银行贷款证券化缓释风险

商业银行贷款证券化模式在传统商业银行高新技术贷款的基础

上，以商业银行为发起人，由特殊设立机构（SPV）购买贷款债券，SPV作为发行机构将各类贷款进行组合构成贷款资金池。该资金池以企业按期还贷作为现金流来源，发行金融债券取得资金以支付银行贷款所有权的购买，企业到期按时还款的现金流用以清偿所发行的债券。贷款证券化的过程由相应的信用担保机构和资信评级机构对其进行外部信用增级，并由专门的证券商承销机构承销。可以加速商业银行贷款资金的回流速度，通过对科技型中小企业创新利润的预期，保障债券的流动性及未来收益。从而提高商业银行为科技型中小企业融资的积极性。

综上分析，创新开展商业银行贷款证券化能够缓释吉林省科技银行创新金融产品开发的风险，降低潜在损失。

（三）创新信贷发放机制

在创新信贷产品的基础上，国内许多银行还配套创新了适合于科技型中小企业融资特征的信贷发放机制，简化审贷流程，缩短审贷日期，建立了快速的审贷和发放机制，提高了银行为科技型中小企业服务的效率。

例如，汉口银行借鉴"硅谷银行"模式，打造"光谷银行"品牌，在贷款审批方面，引入科技行业专家和风投专家等外部委员参与投票表决，在审贷模式上实现了从"封闭式"向"开放式"的突破，在风控模式上体现了"借外脑、借外力"的思维。

中国银行推出"中银信贷工厂"模式，一笔中小企业贷款的审批层级从原来的近10个减少为现在的4个，审批时间从原来的2—3个月缩短到5—7个工作日。截至2017年9月底，信贷工厂授信余额3065亿元，客户数4.6万户。

招商银行针对科技型中小企业贷款实行"绿色审批通道"，规定审贷周期在2个工作日之内完成。"绿色审批通道"对科技型中小企业优先审批，减少审批环节，由专门的银行审贷官实行初审和复审即可终批的"双人审批"机制。

中国工商银行北京分行科技型中小企业绿色通道规定贷款审批周

期为 3 个工作日。采取"双人调查、一人审查、双人签批"的 5 人审批流程。在审批机制方面实行"差别授权、垂直审批"模式，根据风险管理水平给予支行差别的信贷额度审批权限，在分行设立小企业信贷专职审批岗，向支行选派审批人，通过审批流程前移，在控制风险的前提下缩短审批时效。

中国农业银行北京分行的中小企业金融服务中心（海淀）采用独立审批人制度。将知识产权质押贷款、小企业应收账款质押等科技型中小企业的融资产品审批权限下放至支行，支行层面可审批的最高融资金额为 3000 万元，基本流程为支行公司业务部调查、信贷业务部审查、支行有权审批人审批。

大连银行北京分行规定对科技型中小企业贷款审批周期是 10 个工作日。对授信额度 1000 万元（含）以下的，由专职审批人 + 主管行长双签审批；授信额度 1000 万—3000 万元（含）的，由小企业贷审会（三人）审批；授信额度超过 3000 万元的，由贷审会（七人）审批。

锦州银行北京分行规定贷款审批周期是 7 个工作日。总行将单户授信小于 500 万元（含）的科技型中小企业的审批权限下放到分行级以下，设立单独的审批流程，实施"独立审批人"审批机制，"独立审批人"由专业知识扎实、从业经验丰富的人员担任。客户经理受理业务后，直接交由支行行长或分行业务部门负责人审查，审查通过后直接交由两名独立审批人审批。"独立审批人"审批通过后，由最终签批人签批并由分行三小业务部下发审批书及放款。

广发银行北京分行对科技企业实施快速审批，由派驻小企业金融中心的风险经理与客户经理一起介入项目，出具审查意见，然后1000 万元以内的报分行小企业评审官签字批复，3 亿元以内的报分行风险副行长签字批复。

交通银行北京中关村园区支行科技型中小企业贷款的绿色通道，规定贷款审批周期为 3 个工作日。单独组建了中小企业贷款审查委员会，明确与大企业差异化的信贷审批标准。实行"分级授权个人签批制"，授权零贷部单户敞口授信额度 1000 万元以下小企业贷款的审批权限，对分行有权审批人在满足一定条件下授予 2000 万元的审批权限，免上分行贷款审查委员会。

综上分析，吉林省科技银行也应积极探索，开辟针对科技型中小企业的绿色通道，简化信贷审批流程，建立针对性的信贷审批标准，广泛征求科技行业专家和风投专家的意见，发挥外脑的审贷智慧，建立一套科学可行的信贷发放机制对融资企业进行筛选。

（四）建立风险补偿机制

针对科技型中小企业风险较大的特点，商业银行大都提高了对科技型中小企业贷款风险容忍度，大部分银行将不良贷款的容忍度顶格设定为 3%，以鼓励银行积极发放科技型中小企业贷款。并与地方科技部门合作建立贷款风险补偿机制，由政府出资设立贷款风险补偿金，对银行出现的贷款损失予以一定比例的补偿，降低银行的风险。

2009 年，江苏省财政厅和科技厅制定了《江苏省科技成果转化风险补偿专项资金暂行管理办法》，设立 5000 万元的科技成果转化风险补偿资金，银行贷款风险由省、地科技部门、合作银行及企业共同承担，其中，江苏省承担 45% 左右的风险责任，各市、县（区）承担 45% 左右的风险责任，合作银行承担 10% 的风险责任和相应的利息损失风险。

杭州市设立了由市科技经费出资的 2500 万元的联合天使担保资金，对于银行支持的符合政府鼓励范围内的科技型中小企业，若出现违约贷款损失，由天使担保资金承担 40%，区、县政府承担 40%，银行承担余下的 20%。

北京市科委在 2012 年设立科技金融专项资金，每年投入 2500 万元，采用银行贷款风险补偿和补助的方式，对提供贷款支持北京市科技型中小企业成果转化和产业化的银行实施奖励，其中 1850 万元作为贷款风险补偿资金池，当银行出现不良贷款损失时，由风险补偿资金偿还。

广东省全省 21 个地市均通过财政设立风险补偿金池或贷款贴息

等方式，鼓励银行扩大科技信贷，全省资金池规模超过60亿元。

　　综上分析，吉林省应拓宽风险补偿机制的资金来源，形成省、市、区、县多级财政共同出资的机制，发挥基层政府对辖内企业的关注与扶持作用；补偿资金的发放比例应结合贷款企业融资规模、行业特征、生命周期阶段以及宏观经济走势综合判断，区别对待，不能简单搞一刀切；补偿资金的发放时间应尽量前移，同步于贷款质量五级分类标准的核定按比例发放，而不是等到所有追偿法律程序走完，形成事实上的损失之后才进行后补助。

二　细化吉交所分层设计

（一）科技创新板的内涵

　　科技创新板是定位于服务科技型、创新型中小微实体企业的专业化市场板块。与相关多层次资本市场相比，向初创期科技型、创新型企业延伸，扩大服务覆盖面，错位发展。服务对象上，挂牌企业重点面向尚未进入成熟期但成长潜力较大、具有较强科技创新属性的中小微企业。

表6.5　　　　　科技创新板与新三板、创业板市场对比

项目	科创板	新三板	创业板
推出主体	区域性股权交易中心	全国中小企业股份转让系统	深圳证券交易所
板块定位	尚未进入成熟期，但具有成长潜力，且满足有关规范性及科技型、创新型特征的中小企业	中小微企业	处于创业期，成立时间较短，规模较小，业绩不突出，大多从事高科技业务的企业
挂牌企业范围	科技型企业创新型企业	高科技非上市股份有限公司	暂时无法在主板上市的创业型企业、中小企业和高科技产业企业
投资门槛	各交易所不同	营业满2年；500万元	开户满2年
挂牌企业财务指标	各交易所不同，大多数没有盈利要求	依法设立且存续满两年，业务明确，具有持续经营能力	最近两年连续盈利，最近两年净利润累计不少于1000万元；或者最近一年盈利，最近一年营业收入少于5000万元

续表

项目	科创板	新三板	创业板
上市机制	注册制，建立以信息披露为中心的挂牌审核机制	备案制，但在挂牌前仍需股转系统审核	审批制
挂牌时间	2—4 个月	一般需要 6 个月时间	
挂牌成本	1 万—50 万元，还可以获得地方政府财政奖补	挂牌成本较高	挂牌成本较高

资料来源：根据公开资料整理。

（二）科技创新板示范模式

截至 2017 年 11 月底，安徽省、北京市、上海市、重庆市、江苏省股权交易市场内均设置了科技创新板，香港也已出台科技创新板的相关咨询文件。

1. 安徽科技创新板

安徽省股权托管交易中心由安徽国元（控股）集团有限责任公司、国元证券股份有限公司、华安证券股份有限公司、安徽省产权交易中心、合肥兴泰控股集团有限公司、芜湖市建设投资有限公司及蚌埠产权交易中心共同出资组建，于 2013 年 8 月 1 日在安徽省工商行政管理局注册登记成立，注册资本 2 亿元。截至 2017 年 11 月，安徽省股交中心共有挂牌企业 1751 家，托管企业 1969 家，融资总额超过 139 亿元。

安徽省股权托管交易中心成立后，整合业务资源，细分市场层次，按照构建"一市两板"的发展思路，在已有"成长企业板"的基础上，增设"科技创新企业板"，打造科技创新型企业对接资本市场的专属板块，为挂牌的科技创新型企业提供综合金融服务。2014年 10 月 18 日，安徽省股权托管交易中心科技创新企业板开板，来自合肥、芜湖、安庆、宣城等市 131 家科技创新型企业成功登陆，挂牌企业涉及电子、软件、生物、环保行业。截至"科技创新企业板"开板当天，安徽省股权托管交易中心共托管企业 306 家，挂牌企业

178 家，其中成长企业板 47 家，科技创新板 131 家。

安徽省"科技创新板"对挂牌企业设置的"门槛"贴近创业型企业现状，堪称"量体裁衣"。具体条件为，依法设立且续存期满一年的股份有限公司或有限责任公司只要符合其中一项，就具备挂牌资质：最近一年营业收入不少于 500 万元；净资产达到 100 万元（含）以上；已获银行类金融机构贷款或投资 100 万元（含）以上；主导产品、技术获得国家级发明专利。

2. 北京科技创新板

北京四板市场从 2013 年 12 月正式启动，取得了迅猛发展。服务企业已经超过 2200 家，其中已经有几十家从四板走出，走到了三板、创业板等更高层次的资本市场，帮助各类中小微企业实现各种直接融资达到了 70 亿元，聚集了各类会员机构 130 余家。但是统计数据显示，北京市 1 万多家国家高新技术企业，在新三板或创业板等高层次资本市场挂牌上市的不到 5%，大多数企业仍需进一步系统化的资本市场培育、辅导、孵化和融资支持。

北京四板市场科技创新板 2015 年 12 月 22 日正式启动，中关村股权交易服务集团在北京市科委、北京市金融局、中关村管委会等部门的指导支持下，启动"科技创新板"，将重点服务于北京区域内的科技创新型企业，重点吸引 300—600 家优质高新技术企业在科创板挂牌，帮助企业规范发展，实现股权、债券融资，直至进一步转板到新三板、创业板等更高层次的各种资本市场。

3. 上海科技创新板

2015 年 12 月 28 日上午，上海股权托管交易中心"科技创新板"（N 板）正式开盘。"科技创新板"定位为服务科技型、创新型中小微企业的专业化市场板块。与股交中心现有的 E 板和 Q 板相比，N 板的特点是贯通式，没有层级之分，但突出企业的科技创新属性。N 板对于挂牌企业的科技属性，有专门的服务辅导制度，是为科技创新型企业量身定制的。首批挂牌企业共 27 家，其中，科技型企业 21 家，创新企业 6 家；19 家企业处于创业期，其余 8 家企业步入成长期；首批企业的平均股本为 1944 万元。服务区域分布上,以张江一区 22 园为主阵地,首批挂牌 20 家,其中 10 家位于张江核心园,根据试点情况逐步拓展。截至 2017 年 8 月底,上股交"科技创新板"挂牌企业总数达 137 家。

横向上科技创新板与传统及新兴金融业态紧密联动,行业分布于互联网、生物医药、再生资源、3D 打印等 13 个新兴行业。首批挂牌企业平均股本 1944 万元,2014 年平均营业收入 2272 万元,平均净利润 123 万元,盈利企业约占 70%。首批挂牌企业体现出鲜明的科技创新属性,例如,彩虹鱼海洋科技专注于深海智能装备制造,其研制的一万一千米级载人深潜器及配套设备达到世界领先水平;英佛曼纳米科技专注于研制纳米新材料,在材料应用工艺的技术开发上形成了多项创新性的科研成果;昊客网络科技运用互联网电商模式和大数据技术,为工业品生产供应商和终端采购商提供综合电商平台;昂华自动化工程专注于装配自动化解决方案,可提供工业 4.0 智能工厂完整解决方案;杰隆生物工程专注于种用和药用转基因动物新品种的开发和技术服务等。

纵向上科技创新板与相关多层次资本市场建立对接。12 月 28 日的开盘仪式上,上海股交中心和上交所签署了合作备忘录。科创板的规则要求、挂牌条件与上交所有很大重合度,只是体量上存有不同,这为挂牌企业将来的转板提供了很大的便利。同时,科创板也不会是企业主板上市的讨巧途径,从国际经验来看,能够通过转板上市的企业,通过在正常途径也一定能够上市。

作为中小科创企业直接融资平台,"科技创新板"挂牌企业融资满足率在同类市场中名列前茅。截至 2017 年 8 月底,已有 53 家"科技创新板"挂牌企业实现股权融资额 8.41 亿元;34 家企业通过银行信用贷、股权质押贷及科技履约贷模式实现债权融资 6.02 亿元;正在进行中的股权融资约 2.56 亿元。在二级市场交易方面,"科技创新板"累计交易 416 笔,总金额达 2.12 亿元。获得资金支持下,挂牌企业业绩提升迅速,去年业绩平均增长率超过 400%,纳税额同比增长近 40%,大幅领先于同类市场。

4. 重庆科技创新板

2017 年 4 月 16 日，重庆股权交易中心在原有的成长板和孵化板基础上，又增设立一个科创板，开板当天 71 家企业挂牌。这也是西部首个科技创新板。

重庆科技创新板是科技型企业的一个融资平台、定价平台、培育平台及综合展示窗口。旨在为具有一定规模、创新性强、增长潜力大的科技型、创新型企业提供专属的挂牌展示、股权托管、股权融资、债权融资、资本运作、财务顾问等综合性资本市场服务。首次申请在重庆科创板挂牌的科技型企业可申领科技型企业挂牌成长创新券，面额 10 万元，用于相关的研发活动或购买科技服务。另外，重庆 OTC 和重庆科技金融服务中心为挂牌企业提供投融资对接、科技金融政策宣讲、培训、企业能力提升等全方位服务。

5. 江苏科技创新板

由江苏省技术产权交易市场、江苏股权交易中心主办的科技创新板 2017 年 11 月 2 日在南京挂牌启动，开板当天共有 144 家科技创新型企业挂牌。

江苏科技创新板的设立，一方面是为了引导科技创新企业，实现体系化对接资本圈，扩大企业品牌影响力和市场公信力，提高股权融资、并购重组成功率；另一方面，也是为了提升民间资本投资兴趣，引导社会资源向具有竞争力的新兴行业、创新型企业集聚，培育新的经济增长点，推动产业结构调整升级。

进入江苏科技创新板的企业，将享受知识产权确权、技术转移、项目推荐、常态化路演、订制化金融服务等多方位支持。同时，凡是符合《江苏省高新技术企业培育"小升高"计划》的科技型企业，在"科技创新板"挂牌后，可以提高获得"江苏省高新技术企业培育资金"的权重。

江苏省技术产权交易市场、江苏省股权交易中心将通过整合、汇聚创新力量及资源，构建线上与线下联动的技术转移、产权交易、股权托管、交易清算等全流程科技创新生态服务体系，帮助企业登陆新三板、主板等更高层次资本市场。

中国现已开通科技创新板的区域股权交易中心的挂牌条件不尽相同，具体区别如表6.6所示。

表6.6   区域股权交易中心科技创新板挂牌条件

名称	挂牌条件
安徽省股权托管交易中心	依法设立且续存期满一年的股份有限公司或有限责任公司只要符合其中一项，就具备挂牌资质：最近一年营业收入不少于500万元；净资产达到100万元（含）以上；已获银行类金融机构贷款或投资100万元（含）以上；主导产品、技术获得国家级发明专利
北京四板市场	在北京区域内合法注册的股份有限公司或责任公司；具有较好的发展潜力；拥有高新技术企业认定证书；本中心要求的其他条件
上海股权托管交易中心	属于科技型、创新型股份有限公司；具有较强自主创新能力、较高成长性或一定规模；公司治理结构完善，运作规范；公司股权归属清晰；上股交要求的其他条件
重庆股权交易中心	在重庆市内注册的股份有限公司或有限责任公司；进入重庆市科技型企业信息管理系统（科技型企业数据库）；具备高成长性；满足股转中心的有关挂牌审核文件；重点是高新技术企业、高成长性科技企业

资料来源：根据公开信息整理。

其中，上海股权托管交易中心对科技型公司和创新型公司作了相应的规定。"科技型"公司应至少具备4项条件之一，分别是：第一，公司研发投入强度不低于3%，其中公司研发投入强度是指公司经审计的最近一年（或一期）研发经费支出与同年（期）营业收入的比例；第二，公司直接从事研发的科技人员占比不低于10%，其中直接从事研发的科技人员占比是指公司最近一年（或一期）掌握某种专门科学技术知识、技能的研发人员、技术人员占同年（期）公司职工总数的比例；第三，公司高新技术产值占营业收入的比例不低于50%，其中高新技术产值占营业收入的比例是指公司经审计的最近一年（或一期）生产的高新技术产品或提供高新技术劳务所产生的营业收入占同年（期）全部营业收入的比例；第四，公司具有自主知识产权，包括公司自主研发或通过受让方式取得的发明专利、著作权等。

而"创新型"公司，则应符合《上海"四新"经济发展绿皮书》

导向，属于上海"四新"经济热点领域，具有"新技术、新模式、新业态、新产业"特征。

6. 香港科技创新板

香港市场从 2014 年就开始探讨交易所划分板块、细分层次。因为当时港交所不接纳尚未盈利的公司，不接纳非传统治理架构的公司，不接纳拟在香港作为第二上市的中国内地公司。其上市机制不能满足新经济公司的上市需求。2014 年 6 月，香港金融局发布《定位香港为国际首选的首次公开招股中心》，倡议香港通过划分板块的方法，来更好地满足不同类别发行人的需要，让小市值公司拥有更多的机会，让更多企业选择在香港上市。2017 年 6 月 16 日，香港交易所发布《有关建议设立创新板的框架咨询文件》以及《有关检讨创业板及修订〈创业板规则〉及〈主板规则〉的咨询文件》，宣布改革主板和创业板，设立创新板，吸引财务指标没有达到主板或创业板标准的初创企业，或财务达标但公司治理架构不符合香港上市条件的公司，也能够到香港上市，同时接受已上市的公司到香港"第二上市"。

创新板设置为创新主板和创新初板两个层次，根据每个板块的不同风险水平设定相应的股东保障标准。创新主板首次上市规定比较严谨，申请上市公司要符合盈利测试、市值/收入/现金流测试，或市值/收入测试，这三项财务资格标准其中一项规定。创新主板主要瞄准美国等海外市场的优秀中概股公司，吸引其到香港第二上市，简化第二上市程序。如果纽约交易所和纳斯达克上市的中概股公司来港上市，可以豁免提供相同的股东保障水平。中国内地公司进行第二上市同样不受限制，要最少 300 名投资者，容许不同投票权架构。此板同时开放给专业投资者和散户，为防范散户投资风险，要求创新主板上市的公司在上市责任方面遵守和主板上市公司相同的规则。创新初板首次上市规定比较宽松，只开放给专业投资者，上市要求比较宽松。此板不设立业务记录或最低财务要求，不需要提供相同的股东保障水平，容许不同投票权架构，中国内地公司进行第二上市不受限制，要最少 100 名投资者，上市时候市值最少达到两亿港元如图 6.10 和图

6.11 所示。

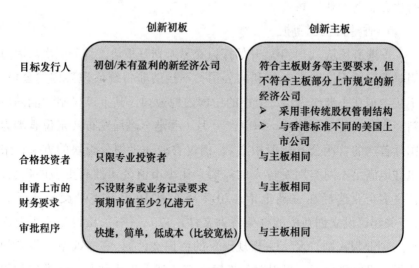

图 6.10　创新板概览

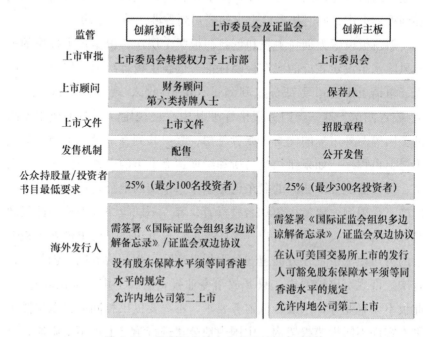

图 6.11　创新板申请上市准则及上市流程

为了确保市场质量，创新板两个板块均设快速除牌机制，创新初板上市的公司，连续停牌90日就自动除牌；创新主板的公司，连续停牌6个月就自动除牌。

划分板块、细分层次后，香港不同规模和发展阶段的公司可以选择适合自身发展需要的板块进行挂牌或上市融资如图6.12所示。

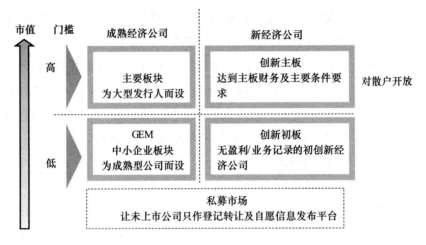

图6.12　香港公司上市愿景

（三）建立吉交所科技创新板

科技创新型企业和传统企业对资本市场服务的需求存在较大的差异。科技创新板具有低门槛、低成本、形式活、功能强四大特色，有助于中小科技企业借助资本市场实现快速发展。吉交所也应在现有的四板市场板块体系基础上，设置一个相对独立的科技创新板，在企业遴选标准、信息披露标准、产品服务体系等方面设置相对宽松的标准，支持科技企业多元融资，促进企业融资环境优化，推进科技金融深度融合。吉交所还应探索设立专门服务于"科技创新板"的私募股权投资基金，并推动"科技创新板"与境内外多层次资本市场对接。

三 探索投贷联动融资

从 2009 年以来，商业银行不断进行"投贷联动"模式的探索，基本形成了投贷主体结合模式与投贷主体分离两种。投贷主体结合模式，也称内部投贷联动，即商业银行对企业既可以开展股权投资又可以提供信用贷款。投贷主体分离模式，也称外部投贷联动，即商业银行不参与股权投资，只是为企业提供债权融资，并参与一些间接业务，而风险投资机构则对企业进行股权投资。基于科技企业迫切的融资需求以及商业银行对科技企业投贷联动业务长期推动累积的经验，内部投贷联动模式终于于 2016 年 4 月突破现行《中华人民共和国商业银行法》的限制，开始试点经营。吉林省应在逐步吸取先进地区外部投贷联动经验的基础上，争取获得内部投贷联动资格。

（一）投贷联动模式

1. 内部投贷联动

2016 年 4 月，银监会、科技部、央行联合发布《关于支持银行业金融机构加大创新力度 开展科创企业投贷联动试点的指导意见》，允许 10 家试点银行设立投资子公司、投资科创企业，为客户提供"信贷 + 股权投资"的综合金融服务。

第一批投贷联动试点地区包括北京中关村国家自主创新示范区、武汉东湖国家自主创新示范区、上海张江国家自主创新示范区、天津滨海国家自主创新示范区和西安国家自主创新示范区。第一批试点银行业金融机构共 10 家，其中国家开发银行、中国银行、恒丰银行等全国性银行可根据其分支机构设立情况在上述 5 个国家自主创新示范区开展试点；浦发硅谷银行可在现有机构和业务范围内开展试点；北京银行、天津银行、上海银行、汉口银行、西安银行、上海华瑞银行可在设有机构的国家自主创新示范区开展试点。

试点的投贷联动业务模式是银行业金融机构的"信贷投放"与本集团设立的具有投资功能的子公司"股权投资"相结合，通过相关

制度安排，由投资收益抵补信贷风险，为科创企业提供持续资金支持
的融资模式。试点框架下的投贷联动要求以"银行＋子公司"的模
式进行，且投资项目需自有资金，可被定义为内部投贷联动。在这种
模式下，商业银行一方面要设立子公司，选择种子期、初创期和成长
期的非上市科创企业进行股权投资，并适当参与企业的经营管理；另
一方面，要设立科技金融专营机构，专司与科创企业股权投资相结合
的信贷投放，同时提供包括结算、外汇等在内的一站式和系统化的服
务。商业银行要实行专业的信贷管理，实行单独的信贷流程、定价机
制以及贷前、贷中和贷后的专业信贷管理制度，尤其是要构建针对性
的激励和约束的信贷文化机制。

表6.7　　　　　　　　第一批试点商业银行投资子公司情况概览

银行名称	子公司	境内股权投资功能机构
国家开发银行	国开金融公司	国开科技创业投资公司
中国银行	中银集团投资公司	广东中小企业股权投资基金
北京银行	中加基金	北银丰业资产

资料来源：银监会公开资料整理。

国家开发银行（以下简称国开行）旗下国开金融已于2016年11
月8日正式成立其100%控股的国开科技创业投资有限责任公司。国
开金融有限责任公司是国开行的全资子公司，可以通过投资基金、股
权投资、夹层资本等创新型金融工具支持国家基础设施建设，因此，
国开行成为目前国内唯一拥有人民币股权投资牌照的银行。国开金融
结合直投业务和银行业务、股权投资和债权投资，在金融领域全方位
布局。目前，国开金融已承接国开行的非金融类股权资产，已初步形
成包括国家战略性投资、城市开发、基金投资、直接股权投资四大板
块的综合性战略投资平台。在直接投资业务方面，国开金融可利用自
有资金对企业或项目进行直接的股权投资，主要包括Pre-IPO、夹层
投资和特殊机会投资等三类产品。除了国开行，其他试点银行均在等

待监管部门的批准。

表6.8   商业银行投资子公司概览

银行名称	子公司	境内股权投资功能机构
工商银行	工银国际控股	工银国际投资有限公司
建设银行	建银国际控股	建银国际（中国）有限公司 建银国际（上海）创业投资有限公司
农业银行	农银国际控股	农银（无锡）股权投资机构
交通银行	交银国际控股	交银国际（上海）股权投资管理公司
招商银行	招银国际金融有限公司	招银金融控股（深圳）有限公司 招银国际资本管理（深圳）有限公司
浦发银行	浦银国际投资管理公司	浦银国际股权投资管理（深圳）有限公司
南京银行	鑫元基金	上海鑫元股权投资公司
宁波银行	永赢基金	浙江永欣资产

资料来源：银监会公开资料整理。

对银行业而言，投贷联动意味着可以用投资收益抵补信贷风险，多家银行积极推进试点落地，各地银监局给予支持。

北京银监局与市金融局、中关村管委会联合印发了实施细则，与试点银行建立了联动工作机制。全国首个投贷联动试点项目于2016年11月诞生在北京中关村，国开行北京分行向北京仁创生态环保科技股份公司发放贷款3000万元，国开行投资平台"国开科创"的3000万元投资同时到位，支持该企业在海绵城市、科技环保领域进行研发。自2016年至2017年第二季度末，北京地区内部投贷联动累计发放贷款13.64亿元，服务企业120户；外部投贷联动累计发放贷款70.25亿元，服务企业253户。投贷对象集中于集成电路、高端装备制造、新能源、新材料等高精尖行业。作为2016年唯一入选"投贷联动"首批试点的国有大型商业银行，截至2017年第三季度末，中国银行投贷联动客户达123户，贷款余额24.06亿元，较上年末新增13.29亿元。中国银行北京分行专门成立了"投贷联动业务中心"，并组建了专家库，为投贷联动业务提供专业建议。通过在中关村示范区等重点区域设立"中小企业战略业务单元"，不断培养专业人才服务科技型中小企业。北京银行在风险控制前提下积极加大创新力度，探索各类投贷联动形式，支持科创企业发展，有序推进投贷联动试点准备工作；设立国内银行业首家众创空间——中关村小巨人创客中心，为创客提供投、贷、孵一体化服务；牵头设立"北京银行中关村投贷联动共同体"，搭建投贷联动发展生态圈。截至2017年第三季度末，该行投贷联动业务余额254笔、35亿元，分别较年初增长107%、201%，累计为322户科创企业提供信贷支持52亿元，为科创小微企业引入股权投资近5亿元。

上海银监局统计监测数据显示，截至今年第二季度末，上海辖内机构投贷联动贷款余额为46.5亿元，内部联动投资总额1.5亿元；三季度末，投贷联动项下贷款企业家数270家，较2016年年底增加87户，增长率为47.54%；贷款余额合计50.81亿元，较2016年年底增加24.68亿元，增长率为94.44%。上海银行遵循"以贷为本，以贷带投，以投补贷，投贷联动"的原则，在投贷联动方面发挥"贷"的优势，将"投"的比例控制在5%左右。截至2017年第三季度末，累计为311家企业提供投贷联动服务，累计发放贷款105.91亿元，暂无不良贷款。

天津银监局披露截至2016年年底的数据，当地五家试点总、分行共办理投贷联动业务14户、余额2亿元。西安地区截至2017年4月底，各试点银行已累计为区内17家企业提供了投贷联动服务，贷款总额2.11亿元，投资总额1.32亿元。武汉市2016年支持50家企业投贷发放额10亿元。

汉口银行自开始探索投贷联动业务8年来，累计服务科技企业1800余家，其中90%以上为中小企业，累计信贷支持科技企业近千家，累计投放表内外信贷资金超过1200亿元。

表6.9   五大试点地区投贷联动业务数据

地区	时间	内部投贷联动			外部投贷联动	
		贷款	投资	服务企业	贷款	服务企业
北京	2017年第二季度末	13.56亿元	1.75亿元	12户	56.75亿元	253户
上海	2017年第二季度末	45.61亿元	1.5亿元	270户		
天津	截至2016年年底	2亿元		14户		
西安	2017年4月底	2.11亿元	1.32亿元	17户		
汉口			10亿元	50户		

资料来源：21世纪经济报道。

在投贷联动试点改革开启之前的一段时间里，许多商业银行通过境外子公司参与直投业务，绕开法律的限制，并与境内各分行进行业务联动。大型商业银行往往通过在境外设立投资银行（包括建银国际、工银国际以及中银国际等），再由投资银行在境内设立直投子公司，与境内银行业务联动，绕开国内银行法对银行直投业务的分业管制，最终实现股权投资。

2. 外部投贷联动

试点范围外的银行参与较多的是广义上的投贷联动，可以被归类为外部投贷联动。外部投贷联动很长一段时期以来就已经存在，在尚未有银行或区域获批投贷联动试点资格的省市及地区，当地银行业对于外部投贷联动业务的探索马不停蹄，而且成效明显。截至2016年第三季度末，浙江省辖区内已有工商银行、华夏银行等7家银行机构开展科创企业外部投贷联动业务，累计服务科创企业187户，投贷联动下贷款余额14亿元。

外部投贷联动目前主要包括银投联贷、选择权、基金直投、投融顾问等业务模式。

（1）银投联贷

银投联贷主要通过"银行＋VC/PE"模式和"银行＋其他机构"模式开展。"银行＋VC/PE"模式的基本运作机制是"贷款＋股权"，是商业银行探索外部投贷联动最普遍采用的模式。这种模式下，商业银行可以与自身风险偏好相似、信贷投向政策匹配的 VC/PE 机构合作，成立投贷联盟，展开投贷联动业务。在这种模式中，商业银行与 VC/PE 有两种合作方式：一是在 VC/PE 进行股权投资之后再跟进，利用风投机构的专业价值评估、筛选（一般有兜底条款）和背书，以"跟贷"的形式控制风险，获得一定放贷与股权收益；二是由商业银行为风投机构筛选推荐优质企业，给予贷款支持，并为 VC/PE 提供包括财务顾问和托管在内的综合服务，拓展商业银行利润。

商业银行可以在风险投资基金的募集、投资及退出等多领域与 VC/PE 机构开展深度合作。在投资基金募集环节，为 VC/PE 基金提供资金托管等中间业务；在投资环节，与 VC/PE 或基金开展投贷联动、资金结算；在退出环节，商业银行得到投资回报。此外，商业银行也为风险投资机构提供抵押、担保贷款，再由投资机构对中小科技企业进行股权投资；为企业提供包括财务顾问服务、未来 IPO 业务等一体化服务，或者可观的综合收益，并实现银行盈利模式创新。

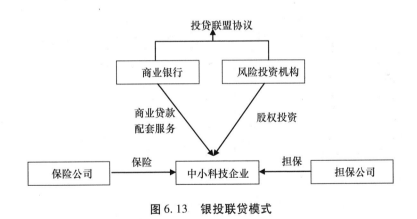

图 6.13　银投联贷模式

（2）选择权贷款模式

选择权业务主要做法是多样化的选择权模式，包括股权模式、期权模式和收益权模式。选择权贷款模式具体为"贷款＋选择权"，是指为对冲一定的贷款风险，银行与企业约定，在提供信贷的同时获得类似于期权的选择权，如果银行行使选择权，则可获得与贷款金额对应的同比例该企业股权，或者由该企业持有的其他企业的股权。这部分股权由专业的投资机构代持，并在企业实现上市或者股权转让、被并购等估值上升后，由投资机构在公开市场上抛售代持的股权或期权。投资收益再由投资机构以融资顾问费等方式返还银行，实现收益分成。

在目前中国相关试点银行设立投资功能子公司申请落地前，"银行＋子公司"业务模式未能大规模展开的背景下，在投端商业银行大多采用过渡性做法，将"认股权贷款"这一模式作为发力重点，即银行与VC/PE签订战略合作协议，通过"认股权贷款"的方式实现股权收益。如北京银行的"投资子公司""认股权贷款"和"股权直投"三种投贷联动业务模式中，超过八成的业务为"认股权贷款"模式。

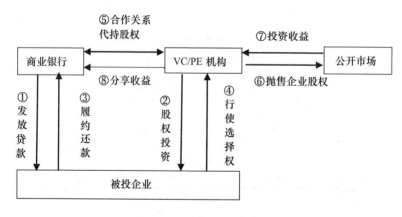

图6.14　选择权贷款模式

认股权贷款本质上是一种期权，即银行与合作的VC/PE在贷款协议签订时，约定可以把贷款作价转换为对应比例的股权期权，当融资企业通过IPO、并购等方式实现股权溢价后，可由风险投资机构抛售所持的这部分股权，将收益分给银行，从而实现收益共享和分成。

做认股权贷款，银行在股权这部分不用投入真金白银，而且可以在较长时间里观察企业，风险可控通过"认股权贷款"的模式，银行内部团队可获得业务操作经验，部分业务未来也有可能转让至子公司。

此外，银行可以获得利息收入和股权投资的双份回报，实现高科技企业贷款可能承担的坏账风险与股权投资的高额收益相匹配。

（3）基金直投模式

基金直投业务是给予私募股权基金直接融资服务，并且根据投资机构的实际需求安排融资方案。在"银行＋其他机构"模式中，银行与资产管理公司等机构合伙成立股权投资基金或资管计划，银行以信贷资金或理财资金持有基金/资管计划的优先级份额，其他机构则作为管理人，持有基金/资管计划的劣后级份额是现阶段的主流做法。此类基金结构一般分为两层，建行的理财资金作为优先级，第三方基金作为劣后级，一般基金的杠杆率控制在3—4倍。

2016年5月，建行广东省分行与广东粤科发起总规模为10亿元的建粤科技股权收购基金，并推出科技创新企业"投贷联"产品。建行广东省分行科技投贷联、科贸融、科技智慧贷、科技信用贷、科技助保贷等产品，已累计支持2000家科技创新企业，实现投放金额为500多亿元。2016年10月，中关村并购母基金宣布成立，该基金总规模为300亿元，首期规模为100亿元；其中，北京银行出资10亿元，在产业资源对接、资金渠道对接等多方面与母基金开展战略协同。

（4）投融顾问业务

投融顾问业务主要包括投融资对接、协助创投基金募集、推荐企业挂牌、并购顾问服务。提高银行投融顾问和投资银行业务的专业能力和资源整合能力，为科技创新企业提供综合金融服务来获取顾问业务收入，将成为银行收入结构的重要来源。

（二）吉林省"投贷联动"模式设计

1. 探索外部投贷联动模式

2013年，吉林省金融办与长春市战略新兴产业投资公司合作，帮助其发起募集 3000 万元的小型股权基金，以先债后股的方式，支持了 6 家企业，企业经过一年的发展，基本达到设定的股权投资条件，天火汽车、迈达科技两家企业已开始债权转股权的程序。但是吉林省的投贷联动更多地体现政府扶持的意愿，地方商业银行由于受到资产规模、风控能力等的制约参与度不高，因此在未获得试点资格之前，吉林省应继续借鉴先进经验探索因地制宜的外部"投贷联动"模式。

结合吉林省的实际情况，可以由长春农商行科技支行为科技园区发展基金提供债权贷款，再由该基金为园区内合格投融资企业提供股权投资，银行获得固定收益和退出后的风险收益。科技园区作为发起人，出资投资于"科技园区发展基金"，以有限合伙企业的组织形式担任 GP，并负责基金的日常运营管理工作，吸收政府作为园区平台融资对象，以政府扶持基金入股"科技园区发展基金"，充当孵化器作用，担任 LP；选择具有良好风险投资的合作基础以及实质项目管理经验的 VC/PE 等股权投资机构作为提供资金的合作伙伴，担任 LP。

2. 深耕优势技术领域服务

在选择投贷联动投资对象时，要避免大包大揽、一把抓，而是深耕于省内在全国甚至国际市场具有领先地位的技术，能较快的成长在股权市场挂牌上市甚至升板的技术，如吉林省较为先进的医药、生物技术领域；深耕某几个具有发展前景、政府支持的高新行业，如基因科技、运动传感器技术等在常人眼中颇为晦涩难懂的高科技、硬科技项目，这类项目最符合监管层推动投贷联动试点的初衷，以科技创新驱动转型发展，推动金融与技术的正向交互。

3. 打造核心人才技术团队

以优厚的激励与报酬从实业界挖角专业人才，建造技术团队。在投贷联动的项目审批上实行开放式审贷，引入科技专家和风投专家一起参与审贷和投票。不断充实科技金融人才库，形成科技金融核心团队，提高学历层次，尤其是具有工科学历和投资相关从业背景的复合型人才。

4. 建立风险补偿机制

银行在投贷联动业务开展时应增加相应的风险监控及补偿协议，防范业务风险。例如，武汉市整合财政各类专项资金，设立了总规模不低于 100 亿元的风险补偿基金，鼓励试点区参与风险补偿基金的设立。对于不良贷款率低于 1% 或高于 7% 的企业，政府不进行补贴，也为银行规定了范围，保障风险补偿基金使用的持续性和长效性。建立专项风险补偿基金；要求企业将发贷银行定为债权人清偿第一顺位；或者要求被投资企业在银行设立基础账户，监控其现金流是否充足，并在项目中期建立跟踪和止损机制，一旦发现下降到警戒线，马上止损退出的做法都有助于降低业务风险，发挥投贷联动的"股权 + 债权"投资效应。

四　拓展债券融资手段

（一）中小企业集合债券

1998 年 6 月，首批中国高新技术产业开发区企业债券成功发行，开创了国内捆绑式发行企业债的先河。2003 年中关村联合债券的发行，使得困扰中国中小企业债券融资的难题得以缓解。自此之后，中小企业集合债券融资模式在中国开始兴起，该融资模式所特有的信息导向机制、组织机制、运行机制以及信用担保机制使其得以迅速推广。2007 年，由 24 家中小企业共同组成的集合债券"07 深中小债"发行，规模为 10.3 亿元，5 年期，固定利率债券（票面利率 5.70%），信用级别 AAA，分别按募集资金的比例承担各自的本息偿还。中小企业集合债券的创新在于：一是发行主体创新。中小企业申请集合发债，突破对债券发行主体的政策性压制，解决了中小企业因规模小而不能独立发行的难题。二是发行模式创新。采用"统一冠名、分别负债、统一担保、集合发行"的模式发行。三是担保体系创新。通过多层次的担保体系（中央统一担保 + 地方担保机构担保 + 个体提供抵质押等反担保）分担风险。2007 年 10 月，银监会出台《关于有效防范企业债担保风险的意见》，要求银行停止对项目债为主的企业债进行担保，防范偿债风险，导致中小企业集合债一度陷入了停滞状态。直至 2009 年，中小企业集合债（"09 连中小债"）重新启动。据 Wind 资讯统计，2010—2014 年中小企业集合债券融资规模达 102.3 亿元。

处于成长期和成熟期的科技型中小企业资金需求量大，且已经建立了较为完善的信息生成机制和信息披露机制。因此，当其他渠道难以满足科技型中小企业的融资需求，且债券融资成本低于企业的投资报酬率时，企业可以采取集合债券融资模式。

（二）双创债

为贯彻落实国家创新驱动发展战略，推进大众创业万众创新，更好地服务供给侧结构性改革，2016 年 3 月证监会大力推出创新创业债试点。"双创债"是为支持"双创"发展而"量身定做"的新型融资产品，由中国银行间市场交易商协会设计，在银行间债券市场发行。该债券发行主体为高新园区、孵化器、"双创"示范基地等，所募集资金可用于园区基础设施建设、偿还银行贷款、通过委托贷款和股权投资等方式支持诚信优质"双创"企业等。根据实施方案，"双创债"发行主体应当为外部评级在 AA 级以上、自身或下属企业长期支持"双创"企业融资，且中小企业风险控制能力较强的园区经营建设企业。"双创债"由于融资程序便捷、期限较长、融资规模较大，并且不需要抵押品，因此一推出就受到轻资产的双创企业的欢迎。2017 年 5 月 8 日，全国首单"双创债"（创新创业债）由成都高新投资集团正式发行。该债券为非公开定向发行，规模 10 亿元，期限 5 年，由成都高新投资集团有限公司作为发行人、国家开发银行为主承销商、成都银行作为联席主承销商发行，主要用于生物医药与新一代信息技术孵化园建设、支持"双创"企业发展等。该单双创债中成都高新投资集团募集资金首期发行 5 亿元，主要用于新川创新科技园中的新一代信息技术孵化园、生物医药创新孵化园两个重大孵化器项目。新一代信息技术孵化器规划建设国际一流的全产业链专业孵化园和示范性加速器，预计项目 2018 年年初完工投用；生物医药创新孵化园 2017 年下半年完工。此外，部分募集资金还将直接用于支持"双创"企业，采用股权投资的形式投资成都高新区内具备一定技术实力、近年来成长性较高的"双创"企业。首单双创债发行成功之后，陆续有 30 多家创新创业企业涉水双创债。

2017 年 7 月 7 日，证监会正式发布《中国证监会关于开展创新创业公司债券试点的指导意见》（以下简称《意见》），以支持创新创业企业融资，落实创新驱动发展战略。根据《意见》，双创企业和创投公司都可以发行双创债。双创企业是指从事高新技术产品研发、生产和服务，或者具有创新业态、创新商业模式的中小型公司。创业投资公司应该是已合规备案的、投资于创新创业企业的公司制创业投资基金或创业投资基金管理机构。创投机构双创债募集资金应专项投资于种子期、初创期、成长期的创新创业公司的股权。试点初期，双创债优先对在国家"双创"示范基地、国家级高新产业园区等注册的双创企业和新三板创新层企业放开。监管者将依据试点情况适时扩大范围。2017 年 4 月 28 日，财政部和国税总局联合下发《关于创业投资企业和天使投资个人有关税收试点政策的通知》，对全国 8 个全面创新改革试验区和苏州工业园区内，符合条件的、投资种子期、初创期科技型企业的创业投资企业和天使投资个人，按投资额的 70% 抵扣应纳税所得额。随着税收优惠政策的落实，试点范围的扩大，双创债将成为科技型中小企业融资的一个重要渠道。

综上分析，吉林省也应积极借鉴先进经验，拓展债券融资手段。中小企业集合债券融资成本较低，可以作为成长期和成熟期的科技型中小企业的融资补充。在双创债推出的早期阶段，应密切关注先进地区的经验，积极支持辖内双创企业和创投公司发行双创债，使省内企业可以及时受益政策优惠。

五　创新新型融资模式

（一）知识产权创投租赁

1. 创投租赁的含义

创投租赁是融资租赁和创业投资的有机融合，是出租人以承租人部分股东权益作为租金的一种租赁形式。创投租赁既具有传统租赁的灵活性，也拥有创业资本的风险收益性，是两者的有机融合。在该项创新融资租赁业务中，出租人的收益主要包括租金、设备的残值回报和认股权证带来的股权收益。其中，租金和设备的残值收益相对可靠，认股权证所带来的股权收益不确定性很大，主要取决于企业的发展，这就要求开展创投租赁业务的融资租赁公司具有投行的眼光和专业知识。

创投租赁有三个突出特征：一是出租人一般是具有投行精神和眼光、拥有专业知识的创业投资公司或融资租赁公司。二是一般以处于初创期和成长期，商业模式良好、拥有核心技术和知识产权、具有广阔发展前景的科技型企业为承租人。三是在租赁业务收益中引入了认股权证（认购承租人股份的期权），将部分债权收益转换成了股权收益。

知识产权创投租赁是一种具有独特优势的创新融资手段。一是知识产权创投租赁能够使出租人获得资金的同时，在一定程度上转移了知识产权的经营风险。二是知识产权创投租赁有利于促进知识产权的成果转化，保护权利人的权益。

随着中国融资租赁业务的不断发展和成熟，一些融资租赁公司也开始进行租赁业务创新，对创投租赁业务进行探索。目前，市场上一般是租赁公司单独提供创投租赁服务或者是租赁公司和投资机构联合提供。其中，租赁公司和创投机构联合提供时，双方会设计一个租赁股权模型，约定止损协议，为初创期科技型企业提供资金。在业务模式上，除了"债权＋认股权证"模式外，还有"债权＋股权回购"等模式。这样，不仅减少了承租人的租金压力，也增加了出租人的股权退出通道。

科技型中小企业最值钱的不是物而是其掌握的高新技术成果和知识产权等无形资产，如何盘活其拥有的核心技术和知识产权来获得发展资金，显得尤为重要。随着市场需求不断变化、租赁业务范围不断扩大，创投租赁标的并不仅仅局限于机器设备等有形资产，知识产权等无形资产的创投租赁也开始兴起，即出租人将自主的成熟的知识产权出售给创投租赁公司，然后再将其租回使用的一种融资方式。在该业务模式中，知识产权作为一种商品进行交易，通过买卖行为，提前实现了其市场价值，将专利技术转化为现实生产力，也促进了知识产权市场的发育和完善。

2. 吉林省发展创投租赁的建议

（1）启动创投租赁业务试点

参照"投贷联动"业务相关做法，遴选部分国家级高新区和租赁公司，启动创投租赁业务试点。鼓励和引导金融租赁公司和融资租赁公司，设立科技租赁事业部，发展科技租赁业务。

（2）加强人才培养和机构合作

开展创投租赁业务需要专业素质高、综合能力强的人才，因此，融资租赁公司需通过与高校合作、与外国先进融资租赁公司交流、外派员工学习等方式加强对人才的培养。

由于科技型中小企业科技含量高、缺乏抵押资产等特点，其风险较难把控。这不仅要求租赁公司拥有专业的知识和较强的风险控制能力，也要求租赁公司熟悉科技型企业的上下游产业。租赁公司应与创投机构、私募基金等机构建立良好的沟通交流合作关系，利用双方资源和技术，锁定一部分的投资风险。

（二）基于互联网平台的云模式

1. 互联网众筹

科技型中小企业前期研发阶段时间太长、投资回报周期相对较长，缺乏充足的资金支持，互联网众筹模式拓宽了科技型中小企业的筹资渠道，提供了大量的投资者，突破了地域、时间、参与门槛、回报方式等限制，极大地降低了企业的融资成本、加快了筹资速度，有利于企业的产品研发，促进企业快速、高效地发展。

传统融资模式下，融资的风险由企业主要投资者承担，而众多的普通投资者只是通过一级或二级金融市场参与投资。一方面，社会大量的闲散资金未得到充分利用；另一方面，科技型中小企业又因为一系列筹资限制很难筹集到所需资金。互联网筹资模式实现了民间资本与科技型中小企业的高效对接。通过互联网信息平台，信息传播更为方便、快捷且成本低，可以广泛吸引普通投资者参与，科技型中小企业可短时间筹集大量资金；同时每个投资者投资的额度比较低，借助互联网众筹平台，筹资方与投资方可进行高效的交流互动，充分解决双方信息不对称的问题，可以最大限度地降低企业的融资风险。

吉林省内目前仅长春市一家"互联网＋科技普惠金融"网络众筹服务平台，虽然运行良好，但平台服务企业数量有限，吸引民间资金投资金额也较少。同时，因信息不对称因素的制约，长春科技服务中心应充分扮演"科技红娘"的角色，利用各种媒介手段，进一步加大宣传力度，及时、详尽地发布信息，嫁接资金供求双方的桥梁，吸引更多的科技型中小企业融资项目和民间资本充分利用这一平台实现资金的融资，进而拓宽融资渠道，提高融资效率。并在此平台成功运行的基础上，推广经验，适时适度地在全省范围内建立更多的互联网众筹平台，切实缓解科技型中小企业融资难的困境。

2. P2P 网贷

国内 P2P 网络借贷以 2007 年拍拍贷的成立为标志，之后获得迅猛发展。根据网贷之家数据显示，截至 2015 年 2 月底，P2P 网贷平台累计数量已超过 3000 家，历史累计成交量高达 335.14 亿元，其灵活便捷的交易方式降低了金融服务的门槛，为中小企业提供了新的融资渠道。但是在发展的过程中，也出现了一些问题，同期的问题平台也达到了 555 家。为促进互联网金融健康发展，2015 年 7 月，中国人民银行等 10 部委联合发布了《关于促进互联网金融健康发展的指导意见》，确立了互联网支付、网络借贷、股权众筹等互联网金融主要业态的监管职责分工，落实了监管责任，明确了业务边界。2016 年 8 月 24 日，银监会、工信部、公安部等四部委联合发布《网络借贷信息中介机构业务活动管理办法》，明确网贷机构的信息中介的法律地位，明确网贷机构回归信息中介、小额分散，以负面清单形式划定业务边界。2017 年 12 月 1 日，互联网金融风险专项整治、P2P 网贷风险专项整治工作领导小组办公室正式下发《关于规范整顿"现金贷"业务的通知》，比较全面的对现金贷业务进行了规范，包括资格监管，业务监管和借款人适当性监管，并给出了存量逐步退出的安排。通知涉及的业务主体包括现金贷助贷类机构、网络小贷公司、银行类金融机构、P2P 网贷类机构等。随着监管细则相继出台，监管逐步全覆盖，行业发展环境处在重大变化之中，互联网金融正迎来"合规元年"，网络借贷行业"洗牌"不可避免，一些经营不善的网贷公司在洗牌中必将退出。截至 2017 年年底，P2P 网贷行业正常运营平台数量下降至 1931 家，累计问题平台家数达到 4039 家。而对于合规的平台而言，正面临着加快发展的重大机遇期。重庆、北京、杭州、武汉、成都、广州等市都从政府层面加快推进网络借贷平台的发展。

综上分析，吉林省要抓住网贷平台清理整顿的黄金机遇，借"合规元年"的监管东风，规范发展以 P2P 为主要形式的网络借贷平台。做好网贷平台的备案登记管理、评级分类管理、信息披露管理、技术手段保障和信息系统安全管理以及网络借贷行业自律管理等。同时在平台之外设立"风险补偿金"资金池，引入第三方担保机构，为资金出借人及时止损。

第三节　政策维——强化政策扶持
主体的桥梁嫁接作用

一　政府补助在企业融资中的作用分析

（一）政府补助的激励效应

激励效应是指政府补助可以为企业带来大量的资金支持，拓宽企业的融资渠道，提高企业的创新能力，从而刺激企业扩大创新投入。

诺贝尔经济学奖获得者 Joseph E. Stiglitz 认为政府在高新技术企业融资过程中担负着重要作用。根据经典经济学理论，市场在配置公共产品方面的效率有时是较低的甚至是失灵的，其突出表现形式之一就是科学技术创新收益在市场主体之间分配的失衡。Stiglitz 认为科学技术具有公共产品属性，因此政府应积极干预科技创新，制定相应的激励政策、补贴政策、金融税收政策等。

以技术和知识为特征的创新成果具有公共产品的外溢性特征，在满足企业自身对创新成果需求的同时，很容易被其竞争对手所模仿。创新成果存在的溢出效应，使企业进行技术创新活动所形成的创新成果不能够归自己独有，这也就导致企业缺乏进行创新活动的动力。所以在企业的发展过程等中，对于创新技术的开发更倾向于模仿而不是领先战略，这种趋利避害的做法会导致社会的整体投资水平低于最优投资水平，这一现象仅靠市场运行机制并不能得到解决。企业的创新活动，对整个社会来说具有正外部性，能够增加社会效益。政府可以而且应该提供政策性支持，给予一定的政府补助或者税收优惠，从而扩大这种外部性，提升整个社会的效益。

企业的创新活动也是个高风险高回报的投资活动，大多数金融机构因为其高风险性不愿意向科技型中小企业的创新活动提供资金支持，企业巨大的资金缺口会抑制创新活动的开展，从而阻碍整个社会的科技进步。这时政府补助就是缓解科技型企业融资缺口的重要渠道。

综上分析，政府补助一方面可以直接增加科技型中小企业用于创新活动的资金，激发创新的积极性；另一方面如果某些项目能够获得政府的资金支持，则表明该创新项目具有发展潜力，未来可能产生巨大的经济效益。这种信号传递机制以及示范效应，则会间接吸引外部投资者加大对科技型中小企业的资金支持力度，从而缓解科技型中小企业的资金压力。

（二）政府补助的挤出效应

挤出效应是指政府补助使得企业创新投入减少的现象。

首先，政府补助对企业创新具有激励效应，但是在政府补助的同时，也将增加市场对创新资源需求的增加，创新资源价格的提高会降低企业创新投资的回报率；创新人员的工资提高，会提高企业的创新成本。企业本来计划投资于创新项目的资金，当面对较高的创新成本时，企业会改变自己的创新投入力度，甚至转而投向其他项目，来降低投资风险，提高投资回报率。某种程度上这意味着政府补助具有挤出效应。也就是说，由于政府补助的存在，企业能够获得更多的创新经费，但是创新资源价格的升高可能导致实际的创新投入量降低，甚至可能会低于获得政府补助前的原始投入水平。显然这样的政府补助政策是无效的。

其次，由于中国目前对企业的创新投入信息和政府补助信息的披露制度不规范，政府发放补贴后很难对企业的实际投资活动进行持续的跟踪监督，有些企业在拿到政府补助后，并没有按照原计划将资金进行有效的利用，甚至产生挪作他用的现象，大大降低了政府补贴的实际效用。出于对资金使用效率的考虑，许多省市的政府补贴都以后补助形式存在，来防范上述风险。但是后补助的发放形式又不能解决企业在初期研发阶段的资金困难，支持效应也大打折扣。同时由于信息披露制度的缺失，外部投资者也不能及时获取企业的真实财务信息，不能及时了解企业的真实经营状况，增加了企业与外部投资者信息沟通以及融资资金获得的成本。

综上分析，对政府而言，单纯依靠加大补贴力度，增加补贴类型，可能不仅不能提高企业的创新水平，甚至产生一定的挤出与抑制作用。因此在科技型企业的创新及融资过程中，不能盲目追求补贴力度的加大，应该针对不同的企业寻找更加合理的补助方式，只有这样才能达到政府补助对企业创新活动产生激励效应的目的。

二　强化政府扶持引导，嫁接资金供求双方

（一）健全完善科技型中小企业培育体系

科技型中小企业培育过程中，应当加强产业技术中心、科技园、孵化器、众创空间等科技型中小企业培育基地的作用，根据企业培育的需要，吸引资金、各类人才以及中介服务等要素，形成包括政策保

障、投融资服务、技术服务、信息服务、中介服务、咨询服务、培训服务等在内的完善的综合服务体系，从而优化技术、资金、人才等创新资源的配置，形成集群效应。

1. 实现培育基地从服务创业企业到培育新经济源头转变

由于科技型中小企业在技术市场调查和预测方面的综合能力有限，与高校和科研院所合作，建立技术创新战略联盟，可以确保企业技术水平的领先性，发展方向的正确性。政府应积极发挥引导作用，为科技型中小企业与高校、科研院所合作创造有利条件。吉林省目前重点支持中科院光机所、应化所、地理所及吉林大学、东北师范大学、吉林农业大学、长春工业大学、长春理工大学三所五校，与企业联合开展技术攻关，突破制约产业发展的关键技术问题。而其他省市不仅依托本省市辖内科研院所与高校，在近几年，大学跨地区设立分校的趋势下，都在纷纷引进高水平重点高校。比如天津和青岛对于国家级双创平台的申请不遗余力。青岛市表现出对于科技创新的强烈渴求，对重点高校强势争夺。山东大学、哈尔滨工业大学、中国石油大学等知名大学近年纷纷在青岛布局。吉林省也应积极想办法，引进重点高校，或者与高水平高校进行跨区域合作，将对科技型中小企业的培育阶段前移，不仅扶持培育已经拥有项目和技术的企业，更重要的是培育新经济源头，做科技创新领域里的领头羊而不是追随者。

2. 实现培育基地从集聚创业要素到促进资源开放共享转变

随着互联网络及信息平台的发展，一个企业或一个项目的推出，很快就会被其他企业效仿，能够通过技术优势抢占市场份额先机的差异越来越小，因此企业应转换观念，加强与科研机构以及其他企业的合作，形成市场化、企业化运营的科技资源开放运行模式和利益分配机制。吉林省科技型中小企业培育基地也应从原来发挥集聚创业要素的主要功能，向促进资源开放共享转变。积极开展信息共享科技资源开放共享试验点建设，建立完善科技资源开放共享市场化机制，鼓励科研机构、大专院校和大型企业等建立战略联盟，通过科技资源的市场化转让、企业化运营，形成更加合理的利益分配机制，发挥示范引领作用。

3. 实现培育基地从注重综合服务能力到打造专业化服务能力转变

伴随经济发展及产业结构调整，创新型企业对于孵化器专业化服务的诉求越来越强烈，孵化器也开始向垂直化专业化立体化方向不断迈进。近几年专业技术孵化器得到较好较快发展，2016 年，中国专业孵化器数量已经占全部科技企业孵化器数量的近一半。

吉林省应结合省内科研优势及产业优势，优先支持打造专业化的培育基地。围绕汽车、轨道客车、农产品深加工等优势产业，先进装备制造、生物及医药健康、光电信息、新能源汽车、新材料、大数据等战略性新兴产业，重点支持新能源汽车协同创新基地、轨道交通装备产业协同创新基地、医药健康产业协同创新基地、信息产业协同创新基地建设。提升孵化器、众创空间等培育基地的专业化服务能力。

4. 实现培育基地从侧重服务供给导向到侧重服务需求导向转变

培育基地的传统服务，更多体现的是"我有什么我服务什么"和"我能提供哪些服务就提供哪些服务"，依托的是凭借自身的资金规模、信息资源、市场开拓能力，引进企业、引进金融机构，为资金供需双方提供融资平台。这种服务模式忽视了科技型中小企业客观的融资需求，很多企业在选择进驻时不真正清楚能够获得哪些服务。等到进驻完成，进入融资阶段，才发现自己需要的资金支持并不能够落到实处。使得各种科技园区、孵化器、众创空间、示范基地的作用大打折扣，从而也就形成了各种基地数量众多，但服务却不全面、不到位，企业难以抉择入驻哪个平台，或者入驻后也得不到有效的资金支持的局面。这就要求培育基地从侧重服务供给导向向侧重服务需求导向转变。企业需要哪些机构、哪些融资工具，基地就尽量引入哪些机构、创新哪些融资工具，使基地的作用落到实处，提高服务效率。

（二）规范政府补助

1. 明确政府补助范围

政府补贴有多种方式，主要包括直接资金补贴、技术性补贴、资源性补贴和税收返还税费减免。其中，直接资金补贴可以缓解科技企业流动性的不足，技术性补贴可以应用于企业的科研开发，资源性补贴能够增加企业的基础设备补充固定性资产，税收返还、税收减免可以激发企业特定领域的投资生产行为。由于政府补贴既具有激励作用，同时也有可能形成挤出效应。按照目前吉林省科技型中小企业的规模及融资需求看，政府提供的补助资金总规模基本可以满足企业需求，因此后续不应过度强化资金的大量投入，而应该着眼于补助激励作用的实现，通过补助资金的发放，引导企业提高自身经营能力，寻求更多市场化的资金支持。

吉林省目前的补贴多属于技术性补贴，技术性补贴有利于技术的研发，科技企业的培育，但是技术研发科技企业的形成，与科技企业的成长壮大之间还要受到众多市场因素的影响。而对科技企业的直接资金补贴目前吉林省仅限于扶持"科技小巨人"企业。这一局面的形成固然有对政府资金使用效率的担忧，实践中也确实存在很多科技型中小企业单纯为了拿政府补贴而创业成立，拿到补贴后即破产消失的案例。但是政府补贴的发放也不应因此而因噎废食，在企业从种子期向创业期转变的关键时点，其他资金供给方式少之又少，如果政府资金支持也缺位，将会形成对企业发展的限制。因此在种子期和创业期，政府补贴应该是政府引导基金之外的另一重要资金支持来源。吉林省应在明确科技型中小企业生命周期分期以及特定信用评级体系评级的基础上，实时跟踪企业生产经营状况，对企业实际发生的技术研发、技术人员的引进、技术产品的营销等行为给予一定比例的直接资金补贴，将一次性后补助的资金行为，细化分解成多阶段、多领域、多行为的多次补贴，通过持续跟踪监测实施效果调整补贴范围和补贴力度。

目前吉林省对企业通过资本市场融资行为，仅针对新三板上市企业发放相应的后补助补贴，也形成了事实上的缺位。该项补贴在我国新三板扩容之后的几年中，能够发挥重要的作用。因为就当时而言，各省的主要任务工作是助推符合或者接近新三板挂牌标准的企业挂牌，该项补贴能够激励企业的挂牌意愿。但是几年过去之后，沉淀符合标准的企业陆续已经挂牌，政府应该着力做的是扶持后续企业尽快成长壮大，争取尽快挂牌。这就离不开四板市场对企业的培育。吉林省四板市场精选板挂牌企业本身数量就不多，挂牌后还有几家企业因为各种原因而摘牌。从而使得省内企业新三板挂牌的新增数量很少。即便在新三板挂牌后，企业还面临着创业板和中小企业板上市的任务。因此单就新三板挂牌企业单一的后补助补贴不能形成企业挂牌升板的有效激励机制，应该进一步扩充对四板市场精选板挂牌以及新三板挂牌企业定向增发行为、上市筹备行为等的专项补贴。

2. 前移政府补助支持

目前吉林省的补贴大多属于无偿补助的后补助形式。这种补助形式可以保障政府补贴资金形成事实上的扶持效应，保障资金使用的安全性。但是其具有明显的滞后性，能够获得补助支持的均是已经成功或取得一定经济社会效益的行为。但是科技企业的培育和发展其难点正好是过程中而不是成功后。后补助的形式无疑更类似于锦上添花而不是雪中送炭。因此相应的补贴支持应该尽量前移，前移至种子期、创业期的企业，伴随企业的成长同步发放，形成分阶段的激励效应；前移至某个项目、某项投资、某种行为的想法形成时和实施过程中，通过对实施结果和实施效果的跟踪监测，制定反约束机制，比如如果项目投资实施成功，可以要求企业以固定百分比的形式向政府反向反哺所获收益，以此项资金形成资金池，弥补政府补贴企业失败而产生的损失。从而形成扶持范围更广、扶持形式更灵活的补贴机制。

（三）将政府引导基金和风险投资前移至种子期、创业期

1. 发挥政府引导基金的引致投资作用

随着股权投资基金市场规模的不断扩大，市场参与者不断增加，通过引导基金连接市场化母基金来实现产业化运作，最后借由专业投

资人之手实现终极落地的基金结构优化模式正越来越成为市场发展的趋势，政府引导基金如何通过引导建立一种系统化的底层架构，充分的发挥自身引导的作用，这将成为推动科技企业发展至关重要的一个要素。政府应当积极推动科技型中小企业投资主体的多元化，实现企业、民间机构、风险投资等多方参与的投融资体系。发挥政府引导基金的引导作用，支持风投企业发展，活跃风险投资市场；促进股权资本、债权资本和社会公众资本相互结合，加大力度投入科技创新领域。

因为政府财政资金的本质应该是公共服务，财政需求要更多用于保障和改善民生，加大二次分配的调整力度。因此，政府引导基金重在对项目的引导，更多的是搭建底层架构，更适合于投基金而不适合投具体项目，更不是套利。通过母基金的设立，运用在政府信用基础上搭建起来的平台形成示范效应，让民间资本风投资金看到有政府的参与，提高对项目、企业管理者的信任度，吸引天使投资人、民营资本 VC 和 PE 关注科技型中小企业，带动民间资本投向科技型中小企业。同时，母基金明确基金所承担的责任，承担有限的责任，与民营投资资本之间形成风险共担、利益共享的约束发展机制，促使民营资本投资时，既不会谨小慎微举步不前，又不会过度依赖政府基金，轻率投资，投资后放任不管。只有政府引导基金和民营风投基金合理协作，更加谨慎的投资，才会获得更加长远的发展。

2. 引导风险投资资金前移

在投资企业的选择上，创业投资最终的价值创造者是在于创业者，创业者的能力对这一切价值的转换至关重要。因此投资资金应该改变旧有投资成熟企业，片面追求风险最小化的投资理念，将投资前移至种子期和创业期企业，通过合理科学的投资后管理制度，降低投资风险，提升投资效益。在投资过程中，基金管理人能不能依靠他自身的能力、经验以及他对行业的认知，然后帮助创业者做一些提升，这是非常重要的，投后管理能力对于一个基金管理人的选定极其重要。吉林省应探索建立"天使投资 + 合伙人制 + 股权众筹"等新型投融资机制，推进孵化器、众创空间和示范基地建设，从源头上解决投资项目选择和创业者能力培养提升的问题。引导创业风险投资基金和私募股权投资基金加大对创新创业投入力度，缓解"最先一公里"资金来源问题。

3. 鼓励设立科技型中小企业互助基金

在天使投资数量和资金供给不足，创业风险投资和私募股权投资基金观念转变滞后，对种子期、创业期企业的融资需求供给短缺的过程中，吉林省政府应鼓励科技型中小企业通过共同设立行业或区域金融互助基金的方式，通过合力企业资金，发挥对所处行业领域的认知优势，明确投资方向，盘活企业存量资金，抓住技术升级、市场推广的关键时刻，降低企业融资成本，提高融资效率。

（四）引导成长期、成熟期企业充分利用资本市场

吉林省应建立符合科技型企业需求的多层次金融市场融资渠道，为科技型企业从种子期到成熟期各发展阶段提供相匹配的差异化金融服务。发挥不同市场的融资功能，创新适合科技型企业需求的多样性金融产品。

1. 形成新三板企业库梯队建设

由吉林省政府牵头实施吉林省企业上市培育工程。培育和开发上市后备资源，为加快企业上市步伐，提高直接融资比重。上市培育工程的关键是建立上市储备库，确定培育和开发上市后备资源。吉林省应通过入规升级、新三板挂牌后备企业库、新三板企业库形成企业发展梯队。

第一，继续完善中小企业入规升级制度。推动规模以下科技型中小企业尽快进入规模以上企业行列，通过贷款贴息和固定资产投资补助，不断扩大企业规模和经济总量。以入规升级为契机，完善企业内部治理结构。

第二，建立新三板挂牌后备企业库。梳理一批高成长性的创新型中小企业，纳入新三板挂牌后备企业库，为后备企业提供定期培训和跟踪服务。推动各地科技金融服务中心搭建企业新三板发展等专业平

台。支持建立挂牌企业动态跟踪服务，开展企业重点走访，及时协调帮助企业解决新三板挂牌中遇到的问题。鼓励各地科技金融服务中心举办新三板面对面沙龙、新三板融投资专题培训会、新三板定增路演等活动。推动新三板挂牌服务一体化。建立集聚券商、律师、会计师事务所、商业银行、投资机构等多种中介服务的一体化平台，为拟挂牌的中小企业提供高效、便捷的一站式服务。

第三，建立新三板挂牌企业库。针对吉林省已挂牌的新三板企业，设立简洁有效的评价和监控指标体系，积极开展动态评估。支持挂牌企业通过定向增发、股权质押、做市交易打开新的融资空间，使企业从资本市场的发展中受益。

第四，积极支持企业并购及转板。鼓励新三板企业通过并购方式壮大企业规模，推出新三板挂牌企业上市直通车服务，建立和完善新三板企业与主板、创业板的对接和信息共享机制，推动新三板企业进军更大的融资平台。重点关注符合国家战略性新兴产业发展方向的企业，特别是新能源、新材料、信息、生物与新医药、节能环保、先进制造、高技术服务等领域的企业，以及其他领域中具有自主创新能力、成长性强的企业。通过建立信息共享渠道，及时掌握拟上市企业情况，在全省企业中优选条件相对成熟的企业做好拟上市企业的调研、宣传和培训工作，及时帮助其解决在改制上市过程中遇到的问题，为企业成功实现在资本市场融资创造条件。

2. 引进风投机构支持创业板上市

利用创业板、中小企业板上市融资是科技型中小企业利用社会融资、实现资本扩张的主要手段。然而科技型企业的先期科技研发投入资金巨大，很多企业在研发阶段资金非常紧张。交易所上市的高额费用和机会成本是阻碍科技型企业上市融资的最大障碍。

解决这一难题，一方面可以通过政府补贴形式，选择有发展潜力的科技型企业进行上市补贴，鼓励其参与中小企业板、创业板市场或者海外上市，甚至支持成熟企业参与主板上市。另一方面就是吸引风险投资机构的资金支持。吉林省应依托产权交易市场，整合全省资源，提供更多的信息资源以及政策优惠，吸引风投及中介机构到吉林省进行股权投资。同时出台对风险投资企业投资权益保障方面的相关法律制度，完善对投资者私人财产保护、投资基金保护、投资物权保护等方面的相关法规制度。通过产权交易市场的建设和服务，使投资行为按照市场化机制运行，保障投资者的权益，打消投资人和投资机构的顾虑。

3. 完善风投资金退出机制

被风险投资的科技型中小企业在资本市场上市，是风险投资退出的一种重要的方式。基于资金安全的考虑和投资利润的吸引，吉林省除了完善相应对于民间资本的权益保护制度，更应该进一步完善资金退出机制，提高对风险投资资金的吸引力。

吸引风险投资机构的入驻和投资，吉林省首先要做的就是加速辖内科技型中小企业上市融资的渠道，只有打通上市融资渠道，风险投资才不会有后顾之忧。面对在主板和中小企业板进行 IPO 方式退出的重重困难，吉林省应在积极助推企业新三板挂牌的基础上，发力创业板市场，广泛开拓国际市场。另外，风险投资不应该拘泥于上市融资这一种退出渠道，应鼓励企业尝试股票回购、引入战略投资者、签订MBO 条款等多种形式的风险退出渠道，谋求资金退出。多元化的风险退出渠道可以帮助其减少退出成本。只有打通风险投资的退出通道，才能吸引其加大对吉林省中小型科技企业的资金支持。

中小企业、民营企业的重组与并购、公开上市前的 pre-IPO 是风险投资的重点，风险投资机构对企业的了解和熟悉程度直接影响其投资决策，因此吉林省应同时重视成立并培养本土的风险投资机构、完善运作机制，通过公开平台对辖内企业融资需求进行宣传，吸引各类股权投资机构关注省内投资的机会，加大投资合作的机会。

（五）引导科技金融机构全面系统开发业务

1. 健全科技型中小企业数据库

中小企业尤其是科技型中小企业统计资源分散、数据质量差是困扰当前政府决策和金融机构融资支持的难题之一。因此，吉林省首先要建立健全科技型中小企业大数据库，对入库企业加强跟踪培训和分类指导。在此基础上构建公共服务网络，并提供综合服务，帮助科技型中小企业提高企业质量和增进服务效率。建立科技型中小企业信息档案，对企业历史的经营状况、财务会计的规范性、资本的变化和个人信用情况以及内部管理等信息建档保存，方便银行和担保机构随时查阅了解。

建立面向科技型中小企业发展实际的监测统计系统平台，加强中小企业生产经营状况的监测工作。企业应完善财务会计制度规范性和加强信息披露制度建设，使银行和金融机构及时关注企业运行状况，获取有效信息，有效分析判断企业经营能力、还款能力以及投资项目的成长潜力等因素，提高对科技型中小企业信用评级的准确性，降低信贷风险和银行获取信息的成本，从而减少科技型中小企业、银行和担保机构信息阻碍，进而提高银行通过担保体系发放贷款的积极性。

建立科技型中小企业"问题池"，研究解决科技型中小企业发展过程中所遇到的突出问题，及时传递政府帮助科技型中小企业发展的政策，提升科技型中小企业自信心。

通过数据库、监测统计平台、问题池的建立，更清楚地把握科技型中小企业发展状况及趋势，明确企业融资需求，及时出台相关政策及措施，引导科技金融机构开发创新金融产品，为科技型中小企业发展保驾护航。

2. 全面开发科技支行业务

在定位上，科技支行应将目标客户定为有发展前景的科技型中小企业，围绕科技型中小企业生命周期全方位创新信贷产品，提供信贷支持，而不能仅仅着眼于 VC/PE 支持的科技型中小企业。鼓励商业银行开展为科技型中小企业量身定做的供应链金融业务、封闭式贷款和订单贷款等业务。

在政策支持方面，科技支行可以依托政策支持，实践中，政策支持对科技支行业务开展的扶持作用非常明显。基于上述原因中国的科技支行主要集中在政策支持集中有效的江苏省，而不是集中在北京、上海和深圳等金融资源禀赋和科技资源禀赋都更高的地区。导致这种局面的主要原因在于政府与科技支行对于利息征收上的矛盾。科技支行一般要求高风险高利率，但在实际运营中，政府出于扶持科技型中小企业的目的，一般都要求科技支行按基准利率或优惠利率放贷。对于优惠利率所导致的未覆盖的风险，政府采取贴息或提供担保、设置风险补偿基金等方式予以处理。但是在风险控制方面，科技支行不仅受到总行政策的影响，还受到银监部门的监管，因此其对不良贷款容忍率低，即使政府能够对利息损失进行补贴，对风险损失进行补偿，监管指标始终是科技支行不能逾越的红线。

因此在吉林省科技支行的建设与推进过程中，应强调通过与担保机构和政府的联动来控制风险，首先将风险转移，满足监管要求，其次通过政府补贴满足科技支行的成本和利润要求。兼顾监管安全、银行利润、担保机构风险和科技型中小企业的融资需求。

3. 发挥科技小贷灵活多样融资服务

在盈利模式方面，科技小贷公司可投可贷，既可以获取利息收益，也可以获取期权收益及股权收益。在利息收入上，科技小贷公司可以获取较高的利息，高杠杆率可以增强科技小贷公司的商业可持续性，也能增强其科技贷款供给能力，为更多的科技型中小企业提供融资支持。在风险控制方面，科技小贷公司的不良贷款容忍率则不受监管部门监管，只要能够满足商业可持续性便可，因此不良贷款容忍率高，能够在相对更长的贷款周期内为科技型中小企业提供融资支持。吉林省政府应积极引导小贷公司向科技小贷转型，发挥服务于科技型中小企业的融资功能。

4. 完善科技担保增信机制

（1）搭建科技型中小企业征信数据平台

由吉林省政府组织搭建科技型中小企业征信数据平台。将工商、海关、税务、法院、财政、银行、技术监督等相关部门所拥有的科技型中小企业的信用数据整合为专业化、规范化的信用信息数据库。平台一方面服务于科技型中小企业，为企业提供技术、经营项目、宏观经济、产业和人才信息等信息咨询服务，让企业更便捷地了解相关信息，从而能够低成本获取贷款资金。另一方面为相关中介及资金供给方提供评估服务，让担保机构和贷款银行能够顺畅获取企业资信服务、产权交易、改制及会计财务方面的详细信息。

同时，发挥行业协会的自律作用，成立由科技型中小企业、中小企业协会、贷款银行、担保机构和信用中介机构共同参与的"科技型中小企业信用促进会"，实现科技型中小企业联合征信。

（2）开展灵活多样的科技担保形式

针对吉林省科技担保发展滞后、形式相对单一的状况，积极借鉴其他地区的先进经验，开展灵活多样的科技担保形式。目前，科技担保的主要形式包括以下四个模式。

①政策性担保模式

该模式下，由政府出面组织设立具有法人实体资格、非营利性质的独立担保机构。由财政出资设立该机构的信用担保基金，担保机构利用这些资金为科技型中小企业融资担保服务。担保基金由经验丰富的基金经理专业管理，基金运作以保值增值为目的。政府相关部门对担保机构的业务经营及基金运营进行监管，在基金出现一定比例的损失后，对基金进行适当投入补充。

②互助式担保模式

该模式下，由审定合格的科技型中小企业组成一个互助团体，并与政府、银行组成三方联合担保体，共同出资设立担保基金，从事融资担保业务。由企业代表、银行代表和政府共同组成的基金管理委员会负责监督联合担保体的经营管理。同时，担保基金聘请富有经验的人员管理，三方共同定期出资对基金适当的补充。在这种互助式担保模式中，多方出资补充担保基金的规则能够缓解政府单独出资的压力，联合担保体之间能够信息共享，获得会员科技型中小企业的有关财务资产、信用状况方面的信息，从而发挥互相监督的优势，帮助会员企业提高管理水平，从而提高融资资金的安全性。银行也能够获取企业的信息状况，降低信贷审核成本，缓解信息不对称引起的信贷风险。

③商业担保模式

该模式下，由科技型中小企业自愿组织成立一家营利性的担保机构，由个人投资者、合法的担保机构和参股机构共同出资，自主经营、自负盈亏。募集到的资金可以进行证券投资获得增值，也可以在股票市场上发行股票以补充基金。商业担保机构的运营受政府相关部门的监管，但政府不拨付资金。

④联合担保模式

第一，天使联合担保模式，始于杭州，属于国内联合担保模式的一大创新。该模式由地方区、县（市）科技局共同出资金设立天使担保基金，由银行与国有控股的高科技担保公司共同开发适合于科技型中小企业的融资产品，为企业提供贷款担保服务。融资贷款的风险损失由贷款银行和科技担保公司共同承担，设立的天使担保基金可以补偿一定的企业到期贷款。

第二，商会联保模式，由若干科技型中小企业自愿形成一个贷款担保联合体，联合体内所有企业必须按一定的比例缴纳规定的保证金。该联合体按照"自愿出资、比例放大、共担风险、共同受益"的原则，确定每个企业应承担的借贷风险。贷款银行根据联合体的实际情况，确定放贷资格和授信贷款量。该担保模式能有效地约束会员借款企业的经营活动行为、简化银行对贷款的审批流程和降低放款成本。

第三，行业协会担保模式，由行业协会组织行业内部优秀的科技型中小企业自愿交纳一定数量资金成立联合担保基金，各参与企业共同承担信贷风险。由行业协会向银行或金融机构推荐需贷款的企业。由于是同行业企业参与，因此，该模式能发挥行业协会的信息优势，并能够对企业进行有效的跟踪监督，从而能降低贷款的违约风险。

4. 网络联保模式

该模式于 2007 年 5 月由电子商务网站阿里巴巴率先推出，建行和工行作为合作伙伴，以互联网为平台，由几家科技型中小企业组成联盟，共同向银行申请贷款资格，参与的企业对任何企业的每一笔贷款承担连带责任。这种网络联保模式相较线下担保模式审批手续简便、申请门槛和贷款成本低。

（3）建立担保融资风险分散机制

通过政府介入建立完善的信贷担保制度，发挥好风险缓释的作用。制定符合科技企业风险特征的独立考核约束机制，出台具有可操作性的科技金融监管政策。以政府财政拨款和多元化融资为主构成资金来源基础，形成信用保证保险制度、融资基金制度和损失补偿金补助制度三位一体的保障体系。规范与监管吉林省担保机构的设立和运作，由政府设立担保基金和再担保基金，为担保机构增信和分担风险。发挥好政府在科技金融风险分担中的引导、协调和支持作用，切实提高对科技金融信贷业务的风险容忍度。

（六）建立科技人才储备制度

吉林省政府应根据本省科技型中小企业发展的需要，拓宽人才引进与使用机制，特别是高校和科研院所研究人员的聘用机制和利益分配机制，在不改变其直接隶属关系的情况下，最大限度地发挥研究人员的作用。与外省合作，引入重点高校、知名高校分校建设，签订合作协议建立人才储备共享机制。形成科技创新的源动力，增强科技型中小企业的竞争能力与活力。

参考文献

中文参考文献

高松、庄晖、王莹：《科技型中小企业生命周期各阶段经营特征研究》，《科研管理》2011 年第 12 期。

徐岚：《高科技企业生命周期与金融资源的配置》，《世界经济》2000 年第 6 期。

余国全：《科技型中小企业发展的生命周期》，《郑州航空工业管理学院学报》2001 年第 4 期。

章卫民、劳剑东、李湛：《科技型中小企业成长阶段分析及划分标准》，《科学学与科学技术管理》2008 年第 5 期。

王士伟：《中小型科技创新企业生命周期各阶段的特征及融资政策分析》，《科技进步与对策》2011 年第 10 期。

胡焱、方晶：《基于生命周期理论的科技型中小企业融资体系研究》，《长春工程学院学报》（社会科学版）2013 年第 1 期。

陈岩：《吉林省中小微企业融资需求调查报告》，《吉林金融研究》2014 年第 11 期。

王洪会、诺敏：《吉林省中小企业融资情况的调研分析》，《山西农经》2016 年第 5 期。

顾铭、牛华伟、苗苗：《国内外天使投资研究：文献回顾与研究趋势展望》，《金融教育研究》2017 年第 4 期。

陈强、鲍竹：《中国天使投资发展现状与政策建议》，《科技管理研究》2016 年第 8 期。

朱鸿鸣、赵昌文、李十六、付剑峰：《科技支行与科技小贷公司：谁是较优的"科技银行"中国化模式?》，《中国软科学》2011 年第 12 期。

李晓蕾：《论吉林省中小企业公共服务平台网络的推广运营》，《吉林省经济管理干部学院学报》2014 年第 5 期。

宿慧爽、靳玉贤：《吉林省科技型中小企业培育政策研究》，《现代管理科学》2014 年第 2 期。

姜宏洁：《吉林省战略性新兴产业融资路径分析》，《长春市委党校学报》2012 年第 5 期。

郭丽峰、郭铁成：《用户导向的政府创新投入政策——创新券》，《科技创新与生产力》2012 年第 8 期。

冯普烨：《长春市科技型中小企业有效利用风险投资研究》，吉林大学，2015 年。

林治乾：《由硅谷银行看城商行开展科技金融业务的策略选择》，《金融发展研究》2012 年第 12 期。

夏孝瑾：《美国"小企业创新研究计划"（SBIR）：经验与启示》，《科技经济市场》2011 年第 12 期。

张乐柱、孙红：《美日德科技型中小企业融资增信体系建设比较研究》，《亚太经济》2015 年第 3 期。

费腾：《中、美、日科技型中小企业融资结构比较研究》，东北师范大学，2012 年。

曾航：《为什么日本人不热衷创业》，《商周刊》2015 年第 13 期。

黄灿、许金花：《日本、德国科技金融结合机制研究》，《南方金融》2014 年第 10 期。

李森：《日本中小企业金融支持体系研究》，山东师范大学，2013 年。

范文仲、吴婕：《德国在金融服务科技创业企业方面的经验和启示》，《国际金融》2015 年第 12 期。

王成志、徐鑫：《发达国家科技型中小企业融资模式及其对中国借鉴研究》,《科技与企业》2014 年第 7 期。

欣士:《德国新市场:已经关闭的创业板市场》,《深交所》2008 年第
1 期。

宋凌峰、郭亚琳:《德国地方性资本市场发展模式及借鉴》,《证券市
场导报》2015 年第 8 期。

张玉明:《资本结构优化与高新技术企业融资策略》,上海三联书店
2003 年版。

汤继强:《我国科技型中小企业融资政策研究—基于政府的视角》,
中国财政经济出版社 2008 年版。

高松、刘建国、王莹:《科技型中小企业生命周期划分标准定量化研
究——基于上海市科技型中小企业的实证分析》,《科学管理研究》
2011 年第 2 期。

左俊红、李军训:《科技型中小企业生命周期的划分及应用》,《山东
纺织经济》2011 年第 10 期。

粟进、宋正刚:《科技型中小企业技术创新的关键驱动因素研究——
基于京津 4 家企业的一项探索性分析》,《科学学与科学技术管理》
2014 年第 5 期。

赵杨:《国家创新系统中的信息资源协同配置研究》,武汉大学,
2010 年。

李开孟:《我国政府性创业投资引导基金的运作模式及操作要点》,
《中国投资》2009 年第 4 期。

李志萍、罗国锋、龙丹、安然:《风险投资的地理亲近:对中国风险
投资的实证研究》,《管理科学》2014 年第 3 期。

倪宁、魏峰:《创业项目阐释与天使投资意向研究》,《中国软科学》
2015 年第 12 期。

买忆媛、李江涛、熊婵:《风险投资与天使投资对创业企业创新活动
的影响》,《研究与发展管理》2012 年第 2 期。

刘督、万迪昉、庄梦周、吴祖光、许昊:《天使投资改善了中小企业
创新活动吗?》,《科学学与科学技术管理》2016 年第 5 期。

赵静梅、傅立立、申宇：《风险投资与企业生产效率：助力还是阻力?》，《金融研究》2015 年第 11 期。

吴超鹏、吴世农、程静雅、王璐：《风险投资对上市公司投融资行为影响的实证研究》，《经济研究》2012 年第 1 期。

史倩：《成都高新区缓解融资难推行"成长贷"的案例研究》，电子科技大学，2016 年。

阳晓霞：《汉口银行：打造科技金融"光谷模式"》，《中国金融家》2017 年第 9 期。

李希义、缪海波：《我国银行开展科技金融的创新实践、存在问题和对策》，《西南金融》2015 年第 3 期。

张诚：《我国知识产权质押融资的主要模式及启示》，《时代金融》2017 年第 17 期。

张旭波：《优化知识产权金融服务 塑造中小企业良好营商环境》，《唯实》2017 年第 10 期。

王海刚、黄伟丽：《"种子期"科技型小微企业知识产权质押融资模式研究——以陕西省为例》，《科技和产业》2016 年第 11 期。

于立强：《科技型中小企业知识产权质押融资模式探究》，《科学管理研究》2017 年第 5 期。

李瑞、杨波：《知识产权质押融资：广东模式、经验与思考》，《时代金融》2016 年第 30 期。

范嘉琛：《上市公司股权质押贷款的风险和防范》，《时代金融》2017 年第 27 期。

戴小河：《新三板企业股权质押飙升致风险积聚》，《中国证券报》2017 年 2 月 22 日第 A08 版。

盖幸福：《山东省在全国率先设立股权质押融资增信基金》，《济南日报》2017 年 8 月 28 日第 A01 版。

杨磊、唐瑞红、陈雪：《科技型中小企业在线供应链金融创新融资模式》，《科技管理研究》2016 年第 19 期。

刘国红：《第三方物流企业仓单质押融资模式与风险分析》，《物流科技》2012 年第 6 期。

张莉：《轻资产模式下的应收账款管理》，《价值工程》2012 年第
　　32 期。

宋光辉、董永琦、吴栩：《科技型中小企业特征及融资体系构建——
　　基于生命周期的视角》，《财会月刊》2016 年第 1 期。

胥会云：《什么企业可以挂牌"科技创新板"？条件已明确》，一财
　　网，2015 年 11 月 23 日。

张明喜、朱云欢：《我国中小企业债券市场发展：创新、不足与对
　　策》，《南方金融》2015 年第 4 期。

范胜申：《创投租赁——缓解科技型中小企业融资难的新模式》，《经
　　营与管理》2017 年第 8 期。

周广艳、吕雪晴：《浅析知识产权风险租赁》，《经济与管理》2003 年
　　第 3 期。

吕慧芳：《互联网众筹模式下科技型中小企业的融资问题及建议》，
　　《经营与管理》2017 年第 9 期。

邢乐成、王亚君、邢之光：《P2P 网络借贷对中小企业融资的影响研
　　究——以山东省国家级高新区为例》，《济南大学学报》（社会科学
　　版）2016 年第 5 期。

杨佳：《科技型中小企业融资约束、政府补助与创新能力》，西南大
　　学，2016 年。

乔红：《政府补助对企业研发诱导效果的研究》，西南财经大学，
　　2014 年。

宿慧爽、靳玉贤：《吉林省科技型中小企业培育政策研究》，《现代管
　　理科学》2014 年第 2 期。

崔彩凤：《"双创"平台爆发式增长 创业者正在"脱虚向实"》，《中
　　国高新技术产业导报》2017 年 9 月 25 日。

曹晓雪、杨阳、时军：《吉林省科技型中小企业利用创业板融资探
　　讨》，《经济纵横》2011 年第 6 期。

朱婧、周振江、胡品平：《广东省新三板企业发展情况及对策建议》，

《广东科技》2017 年第 9 期。

陈小国：《"双创"时代杭州市新三板企业发展现状及探索》，《统计科学与实践》2016 年第 8 期。

刘琪：《商业银行解决科技型中小企业融资难的对策》，《商》2015 年第 34 期。

游春、胡才龙：《关于对完善我国科技型中小企业融资担保体系的思考》，《浙江金融》2011 年第 12 期。

朱鸿鸣、赵昌文：《科技银行中国化与科技银行范式——兼论如何发展中国的科技银行》，《科学管理研究》2012 年第 6 期。

连平：《发展科技金融 助力创新型国家建设》，《南方企业家》2017 年第 12 期。

袁建明：《科技型中小企业创业发展生命周期特征分析》，《合肥工业大学学报》（社会科学版）2000 年第 4 期。

沈运红、王恒山：《生命周期理论与科技型中小企业动态发展策略选择》，《科学学与科学技术管理》2005 年第 11 期。

李青：《我国科技型中小企业不同阶段国际化发展模式及策略的选择研究——基于企业生命周期理论》，《时代经贸》2016 年第 3 期。

符晓晖：《中美科技型中小企业融资结构比较》，《现代商业》2015 年第 1 期。

杨佳：《科技型中小企业融资约束、政府补助与创新能力》，西南大学，2016 年。

孙佳：《科技型中小企业融资效率研究》，西南财经大学，2016 年。

徐京平：《我国科技型中小企业融资体系研究》，西北大学，2014 年。

曾崎霖：《我国科技型中小企业新三板融资法律制度研究》，西南财经大学，2014 年。

王春亮：《科技型中小企业结构化融资可行性研究》，天津财经大学，2015 年。

李金成：《风险投资对上市公司投融资行为影响的实证分析》，《商场现代化》2016 年第 10 期。

李大燕：《风险投资对上市公司投融资行为影响的实证研究》，《现代经济信息》2017 年第 23 期。

龚俊哲：《风险投资对企业投融资行为影响的研究》，江西财经大学，2015 年。

诸杰：《风险投资对上市公司投资行为影响》，华东师范大学，2017 年。

叶青：《广东普惠性科技金融试点惠及两千家小微企业》，《科技日报》2017 年 11 月 23 日第 1 版。

张旭波：《优化知识产权金融服务　塑造中小企业良好营商环境》，《唯实》2017 年第 10 期。

于承龙、程子彦、宋杰：《上海科创板正式启动　首批挂牌企业为何选定这 27 家?》，《中国经济周刊》2016 年第 1 期。

刘丽：《内蒙古推动科技金融创新发展研究》，内蒙古大学，2015 年。

梁飞：《科技型中小企业知识产权质押融资模式研究》，北京邮电大学，2013 年。

李春光：《社会资本视角下的中小企业融资问题研究》，东北财经大学，2010 年。

刘慧：《科技型中小企业知识产权质押融资问题研究》，江南大学，2017 年。

姚金燕：《专利质押融资模式研究》，上海社会科学院，2015 年。

田洪媛：《知识产权质押融资问题研究》，山东农业大学，2013 年。

付剑峰、李十六、朱鸿鸣：《融资困境、知识产权质押贷款与中小企业可持续发展——来自中国的经验》，《北京师范大学学报》（社会科学版）2011 年第 4 期。

范芳妮：《科技型企业知识产权质押融资模式研究》，天津财经大学，2011 年。

黎友焕、韩树宇：《广东科技型中小企业创新基金研究》，《当代经济》2017 年第 29 期。

邵传林、刘源：《风险投资影响中小企业技术创新的研究评述与展望》,《首都经济贸易大学学报》2017 年第 6 期。

顾铭、牛华伟、苗苗:《国内外天使投资研究:文献回顾与研究趋势
　　展望》,《金融教育研究》2017 年第 4 期。

李森林:《基于投贷联动视角的科技型中小企业融资现状及策略研
　　究》,《纳税》2017 年第 21 期。

朱琦:《初创企业新型融资方式比较分析》,《中国市场》2017 年第
　　18 期。

王亚:《江苏省科技信贷现状分析和对策研究》,《江苏科技信息》
　　2017 年第 12 期。

胡海鹏、袁永、廖晓东:《中关村科技型中小微企业融资新工具及对
　　广东的启示》,《决策咨询》2017 年第 2 期。

刘兢轶、杨梅:《河北省科技型中小企业融资模式研究——基于金融
　　成长周期理论》,《金融理论探索》2017 年第 1 期。

陈少强、郭骊、郏紫卉:《政府引导基金演变的逻辑》,《中央财经大
　　学学报》2017 年第 2 期。

王厦:《吉林省中小微企业互联网融资模式研究》,《行政事业资产与
　　财务》2016 年第 36 期。

《重庆创出科技资源共享新模式》,《领导决策信息》2016 年第 46 期。

靖舒婷、张肃:《吉林省科技企业孵化器优化研究》,《长春理工大学
　　学报》(社会科学版)2016 年第 6 期。

吕茵:《新三板缓解科技型中小企业融资困境的机理分析》,河南大
　　学,2016 年。

曾胜、靳景玉:《重庆市科技金融创新理念的实践探索》,《南通大学
　　学报》(社会科学版)2016 年第 3 期。

柏燕秋:《日本政府支持风险投资的政策与措施》,《全球科技经济瞭
　　望》2016 年第 2 期。

朱芷娴:《短期融资券在中小企业融资中的应用》,《现代商业》2015
　　年第 26 期。

宋凌峰、郭亚琳:《德国地方性资本市场发展模式及借鉴》,《证券市

场导报》2015 年第 8 期。

孙婧超、杨雪、申萌萌：《吉林省科技型中小企业融资问题研究》，《现代商业》2015 年第 19 期。

申克：《吉林省科技型中小企业利用"新三板"融资的机制与对策研究》，吉林大学，2015 年。

杜琰琰、束兰根：《政府风险补偿与科技型中小企业融资结构、财务绩效、创新绩效》，《上海金融》2015 年第 3 期。

杜轶龙：《我国科技型中小企业债券融资途径探析》，《西安文理学院学报》（社会科学版）2015 年第 1 期。

鲍静海、薛萌萌、刘莉薇：《知识产权质押融资模式研究：国际比较与启示》，《南方金融》2014 年第 11 期。

林艳丽：《中日韩三国创业板市场比较研究》，东北财经大学，2015 年。

李漫漫：《基于生命周期的科技型中小企业绩效评价体系研究》，山东财经大学，2014 年。

谢伍：《吉林省中小企业融资现状与对策研究》，吉林大学，2013 年。

朱鸿鸣、赵昌文：《科技银行中国化与科技银行范式——兼论如何发展中国的科技银行》，《科学管理研究》2012 年第 6 期。

《PRO INNO 德国中小企业创新能力促进计划》，《中国科技信息》2000 年第 Z1 期。

张璇、许默：《吉林省科技型中小企业私募股权融资策略研究》，《中国证券期货》2011 年第 6 期。

涂俊、李纪珍：《从三重螺旋模型看美国的小企业创新政策——对美国 SBIR 计划和 STTR 计划的比较》，《科学学研究》2006 年第 3 期。

贺亚力：《从德国和以色列的实践看政府如何引导创业风险投资市场发展》，《中国科技论坛》2006 年第 4 期。

陈游：《硅谷银行投贷联动模式对我国的启示》，《西南金融》2017 年第 5 期。

英文参考文献

Bernard S. Black, Ronald J. Gilson. , "Venture Capital and the Structure of Capital Markets: Banks Versus Stock Markets", *Journal of Financial Economics*, 1998, 47 (3) .

C. Freeman, *Technology Policy and Economic Performance: Lessons from Japan*, London: Pinter Press, 1987, 58.

Feeney L. , Haines Jr G. H. , Riding A. L. , "Private Investors' Investment Criteria: Insights from Qualitative Data", *Venture Capital: An International Journal of Entrepreneurial Finance*, 1999, 1 (2) : 121 – 145.

Galbraith, J. , "The Stages of Growth", *Journal of Business Strategy*, 1982, 3 (4), 70 – 79.

Kazanjian, R. K. , "Relation of Dominant Problems to Stages of Growth in Technology-based Ventures", *Academy of Management Journal*, 1988, 31 (2): 257 – 279.

L. Neeley, "Entrepreneurs and Bootstrap Finance", Northern Illionis University, Working Paper, 2003, 37 – 38.

Mason C, Stark M. , "What do Investors Look for in a Business Plan? A Comparison of the Investment Criteria of Bankers, Venture Capitalists and Business Angels", *International Small Business Journal*, 2004, 22 (3) : 227 – 248.

M. Porter, *The Competitive Advantage of Nations*, The Mac Millan Press, 1990.

Parimal Patel, Keith Pavitt, "National Innovation Systems: Why They are Important, and How They might be Measured and Compared", *Economics of Innovation and New Technology*, 1994, 3 (1) .

Ramadani V. , "Business Angels: Who They Really are", *Strategic*

Change, 2009, 18 (7): 249 – 258.

Ronald J. Gilson and Benard S. Black, "Venture Capital and Structure Capital Markets: Banks Versus Stock Markets", *Journal of Financial Economics*, 47, 1998.

Stephanie A. Macht, John Robinson, "Do Business Angels Benefit Their Investee Companies?", *International Journal of Entrepreneurial Behaviour & Research*, 2009, 15 (2).

Victoria Dickinson, "Cash Flow Patterns as a Proxy for Firm Life Cycle", http: //papers. ssrn. com/sol3/papers. cfm/abstract_ id = 755804. html, 2007 – 09 – 16.